HERMENÉUTICA
PALABRA, ESPÍRITU Y COMUNIDAD

HERMENÉUTICA

PALABRA, ESPÍRITU Y COMUNIDAD

Miguel Álvarez

CPT

CPT Press
Cleveland, Tennessee

Hermenéutica
Palabra, Espíritu y Comunidad

Publicado por CPT Press
900 Walker ST NE
Cleveland, TN 37311
USA
website: www.cptpress.com

ISBN-13: 978-1-953358-07-3

Contenido

PREFACIO

En el volumen anterior, *La Palabra, el Espíritu y la Comunidad de Fe: Entendiendo la Hermenéutica Pentecostal*, el objetivo era compilar una serie de enseñanzas que había sido diseñadas para el curso de hermenéutica. Esta obra explicaba la historia, el origen y el alcance de la interpretación de la Escritura utilizando el método pneumático. Cada capítulo cubría una parte importante que explicaba el funcionamiento práctico de esta metodología, especialmente al momento de preparar lecciones y predicaciones dentro de las congregaciones pentecostales.

Para lograr ese objetivo era necesario hacer un estudio completo que respondiera a las preguntas epistemológicas de la hermenéutica pneumática. Ese ha sido el método de interpretación bíblica implementado por el pentecostalismo desde que los teólogos pioneros se vieron obligados a explicar su teología y su método de interpretación. Este libro cubre gran parte de esa información, lo cual pude ser muy valioso para la formación de las generaciones emergentes dentro de los movimientos del Espíritu contemporáneos.

La tarea de compilar la información surgida en el salón de clases requirió mucho esfuerzo. El autor tuvo que auxiliarse de información histórica que dialogaba con autores que escribían desde trasfondos teológicos distintos. Pero era un diálogo necesario para explicar las fortalezas y limitaciones de una hermenéutica todavía en formación. En el proceso fue necesario considerar el pensamiento antagónico de teólogos anti-pentecostales y, las dificultades teológicas internas que se generaron dentro del movimiento a medida que aparecían desafíos nuevos en el proceso de interpretación de la Biblia.

La aceptación de la primera edición de este volumen fue aleccionadora. Tres mil volúmenes se agotaron en tres años. Esto motivó al autor a seguir profundizando en el estudio y ampliando la información que había ofrecido en aquella versión. La inversión en aquel trabajo sirvió para una segunda publicación con otro nombre, *Pasión por la Palabra: Hacia una Hermenéutica Latina*. Aunque ese segundo volumen se había apoyado en el contenido del primero, la ampliación de aquel contenido dio como resultado un libro diferente al que había que llamarlo con otro nombre.

Recientemente, doce años después de aquella primera publicación, el autor recibió la solicitud de crear un manual de enseñanza para la hermenéutica pneumática. En el contexto de Asia, especialmente en la India y Nepal, se necesitaba un manual con las características de este libro para satisfacer una necesidad en los salones de clase. Fue así como surgió la idea de retomar la idea original del primer volumen, que sirviera como bosquejo para explicar la hermenéutica pneumática.

Este volumen es realmente la segunda edición de la primera publicación. Para lograr los objetivos de este ha sido necesario mantener el contenido y el formato anterior. Naturalmente ha sido necesario actualizar datos históricos y editar y ampliar algunas porciones del contenido a fin de mejorarlo en su calidad académica.

El lector también notará el estilo y el sabor latino del autor, especialmente en la forma en que encara algunos temas que, de otra manera, podrían lucir controversiales. Además, hay que tomar en cuanta que este volumen ha sido traducido del español al inglés y no al revés como típicamente ha ocurrido en el mundo hispanoparlante. Además, el trasfondo de este tema se da en el contexto del Sur Global, donde la realidad del pueblo de Dios es muy diferente a la del Norte Global. Esto último lanza al aire una voz que llama hacia un diálogo franco y abierto entre pensadores del Sur y del Norte. Un diálogo así nos permitiría entendernos mejor y crecer juntos en un mundo nuevo que demanda mutuo respeto y colaboración en la extensión y ampliación del reino de Dios en esta generación.

INTRODUCCIÓN

La producción de literatura que presta atención al estudio de la hermenéutica en el contexto de América Latina requiere la atención cuidadosa de diversas opiniones y voces relacionadas con el desarrollo histórico del cristianismo en la región. Fue la necesidad de proveer información sobre la hermenéutica pneumática lo que motivó la producción de esta obra. Así que la intención de este estudio es establecer una base hermenéutica para conocer mejor al pensamiento pentecostal, su tratamiento e interpretación del texto bíblico. También es importante señalar que la mayor parte de la actividad académica que existe en el presente ha sido fuertemente influenciada por algunos teólogos a los que hacemos referencia en este volumen.

En cuanto a mi evaluación de los debates contenidos en este volumen, me parece que también estamos tocando el corazón de la epistemología pentecostal. También admito que algunas variables en la discusión evidenciarán mi origen cultural y el contexto de mi ministerio en América Latina, Asia y Norteamérica, en ese orden. Sin embargo, mi objetivo es ofrecer elementos de discusión que propongan estudios que contribuyan con la formación de teólogos pentecostales, particularmente en América Latina, que es a donde apunta mi interés personal en esta obra.

Durante muchos años los pentecostales han sido malinterpretados y acusados de no poseer un sistema definido de hermenéutica, ni un método de interpretación consistente para la interpretación bíblica. Este volumen representa un esfuerzo para ordenar aquellos elementos que forman parte de la estructura académica del movimiento del Espíritu. La actividad interpretativa pentecostal va mucho más allá de los gritos, los aplausos y las demostraciones

visibles de la obra del Espíritu Santo. La pentecostalidad de la iglesia
es integral. No sólo se involucra en la experiencia, sino que se forma
a través del consejo académico de la Escritura, la revelación del
Espíritu, la evidencia del testimonio y la sabiduría de la congregación.

La interpretación del texto bíblico desde una perspectiva
latinoamericana se está convirtiendo en una disciplina especializada
que se centra no sólo en la experiencia carismática, sino también en
la idiosincrasia del movimiento, tal como se observa en la región.

Es por esa razón que el intérprete asume una responsabilidad seria
que requiere una formación espiritual sensible a la revelación de la
Escritura misma. En el caso de la hermenéutica pneumática esta no
se basa en la experiencia como algunos han sugerido,[1] sino en el
fundamento infalible de la Palabra de Dios. La experiencia se enmarca
más bien dentro de las señales que acompañan a los creyentes en la
práctica del ministerio (Marcos 16.17-18). Aquellos que están llenos
del Espíritu Santo, son movidos por el amor de Dios para predicar
las buenas nuevas de salvación a los perdidos y para confirmar la obra
redentora de Cristo en los nuevos convertidos. El Espíritu Santo
santifica, llena al creyente y lo prepara para compartir el amor de Dios
con los demás.

Algunos de los autores que mencionaremos en este estudio
ejercieron su trabajo académico en el contexto norteamericano y
europeo inmediatamente después de la Segunda Guerra Mundial;
pero esto también se justifica por poca presencia de pentecostales y
la consecuente ausencia de material impreso originado en otras
regiones del mundo durante dicho período. No es que no hubiera
hermenéutica allí, sino que más bien había una enseñanza y
formación oral para la predicación, especialmente en la forma en que
interpretaban los acontecimientos actuales y los conflictos sociales a
la luz de los principios del Evangelio.

A finales del siglo XX, apareció el *Asian Journal of Pentecostal Studies*
(AJPS). Este surgió como una voz teológica de académicos asiáticos,
los cuales simultáneamente crearon la Sociedad Pentecostal de Asia
(APS). En Oceanía, otro grupo de teólogos publicó el *Australian
Journal of Pentecostal Studies* (AJPS) Ambos boletines trataron de

---

[1] Vea el enfoque histórico sobre la experiencia en Pentecostal Hermeneutics de
Plüss, Jean-Daniel, 'Azusa and other Myths: The Long and Winding Road from
Experience to Stated Belief and Back Again.' *Pneuma: The Journal of the Society for
Pentecostal Theology* 15:1 (1993), pp. 189-201.

responder a las demandas académicas de sus respectivas regiones, siguiendo el modelo que otros colegas habían comenzado previamente en Norteamérica, como el *Journal of Pentecostal* Theology (JPT) que fue diseñado por distinguidos académicos de la escuela de Cleveland. Por ejemplo, John Christopher Thomas, publicó un artículo significativo sobre el desarrollo de la hermenéutica pneumática,[2] en el año 2009; y Lee Roy Martin también editó un valioso volumen sobre la hermenéutica bíblica pentecostal, en el 2013.[3]

Anteriormente, la Sociedad de Estudios Pentecostales, en Norteamérica había publicado documentos sólidos relacionados con la hermenéutica pneumática con mucha frecuencia, a través del boletín *Pneuma: The Journal of the Society for Pentecostal Studies* (SPS) que ha continuado publicando hasta el presente. Además, entre otros escritores de hermenéutica pneumática se distingue Kenneth J. Archer, quien ha publicado un volumen muy especializado sobre la *Hermenéutica Pentecostal para el siglo XXI: Espíritu, Escritura y Comunidad.* Archer describe la hermenéutica pneumática desde una perspectiva posmoderna, impulsando así el método[4] neumático como una opción significativa para la interpretación del texto sagrado. Otro autor que ha dedicado mucha atención a la hermenéutica pneumática es Scott Ellington. Este ha publicado varios artículos con amplias discusiones sobre el tema de la interpretación bíblica.[5]

Mientras tanto, en América Latina, durante varios años hubo un proceso de investigación realizado por teólogos pentecostales emergentes que también permanecieron consistentes con sus enseñanzas académicas. Algunos artículos con temas pentecostales fueron publicados por el *Boletín Teológico* de la Fraternidad Teológica Latinoamericana (FTL), que se publicaba trimestralmente. Asimismo, otros autores pentecostales latinos han escrito sobre diferentes temas

[2] Thomas, John Christopher, '"Where the Spirit Leads": The Development of Pentecostal Hermeneutics', *Journal of Beliefs and Values* 30.3 (2009), pp. 289-302.

[3] Martin, Lee Roy, 'Introduction to Pentecostal Biblical Hermeneutics', in Lee Roy Martin (ed.), *Pentecostal Hermeneutics: A Reader* (Leiden, The Netherlands: Brill, 2013), pp. 1-10.

[4] Archer, Kenneth J., Pentecostal Hermeneutics for the Twenty First Century: Spirit, Scripture and Community (New York, NY: T& T Clark International, 2004), pp. 109-18.

[5] Ellington, Scott A., 'The Costly Loss of Testimony', *Journal of Pentecostal Theology* 16 (2000), pp. 48-59.

en otras publicaciones teológicas multidisciplinarias. Con el paso del tiempo, la demanda de publicaciones especializadas sobre estudios pentecostales ha aumentado sustancialmente en América Latina.

En los últimos años, han surgido varios eruditos y cuyo propósito es interpretar el significado de la Escritura para la región. Uno de ellos es Darío López Rodríguez. A través de su libro, *Pentecostalismo y Transformación Social: Una Lectura Misionera del Evangelio de Lucas,*[6] entre otros, López ha contribuido a la formación de la responsabilidad social entre los cristianos, particularmente entre las masas más pobres del continente. Otro teólogo que ha sido leído continuamente por su enfoque sociológico de la fe y espiritualidad pentecostal es Bernardo Campos. Dos de sus obras, *Pentecostalismo, en la Fuerza del Espíritu*[7] y *En el Poder del Espíritu: Pentecostalismo, Teología y Ética Social,*[8] han sido leídas por muchos investigadores de pentecostalismo en América Latina. Además, en los últimos años, Campos ha estudiado el movimiento neo-carismático en América Latina desde varios ángulos. Estas obras son valiosas para un estudio exhaustivo sobre la hermenéutica latinoamericana contemporánea.

Por otro lado, un grupo de teólogos latinoamericanos como Daniel Chiquete, Luis Orellana y otros, crearon la Red Latinoamericana de Estudios Pentecostales (RELEP). Esa red ha publicado varios volúmenes con alto nivel de pensamiento crítico y contenido académico. Cada vez, más pensadores se están uniendo a la red, que continúa expandiendo su influencia en los estudiantes y maestros de varios seminarios e instituciones teológicas de América Latina. RELEP lidera el camino en la producción académica a través de simposios regionales. Sus volúmenes son ampliamente difundidos y cotizados en todo el mundo.

Asimismo, otro grupo de educadores de la Iglesia de Dios comenzó recientemente un proceso de reflexión a través de la *Fraternidad Internacional de Educadores y Líderes (FIEL).* El congreso de

---

[6] López Rodríguez, Darío, *La Misión Liberadora de Jesús: El Mensaje del Evangelio de Lucas* (Eugene, OR: Wipf and Stock Publishers, 2012), págs. 7-19

[7] Campos, Bernardo, 'El Pentecostalismo, En la Fuerza del Espíritu', *Cyberjournal for Pentecostal Charismatic Research* 9 (febrero de 2001) en http://pctii.org/cyberj/campos.html Consultado el 23 de marzo de 2017.

[8] Campos, Bernardo, 'En el Poder del Espíritu: Pentecostalismo, Teología y Ética Social', en Gutiérrez, Benjamin F. y Dennis A. Smith (eds), *En el Poder del Espíritu: El Desafío Pentecostal a las Iglesias Históricas en América Latina* (Ciudad de Guatemala, Guatemala: CELEP, 1996), págs. 41-50.

FIEL también ha hecho contribuciones significativas al campo de la reflexión teológica y ministerial. Los documentos FIEL muestran una combinación de espiritualidad y eclesiología propuesta por las bases pastorales de la región.

En 2019, Miguel Alvarez y Geir Lee lanzaron el *Boletín Hechos,* una publicación que ha atraído la atención de la academia en diferentes lugares del mundo. El contenido de *Hechos* apunta a cuestiones teológicas que se originan en América Latina y la mayoría de los contribuyentes son latinos o participan en ministerios en la región. La academia latinoamericana del Espíritu está produciendo literatura que sobresale en diversos campos de la teología. Una joven generación de teólogos está produciendo literatura excelente que contribuirá con la formación académica y ministerial de las generaciones futuras.

Es con optimismo que presentamos esta obra al pueblo del Espíritu. No cabe duda, que este pueblo ha sido el brazo de Dios en la evangelización del mundo durante el siglo XX. Si embargo, la mejor manera de echar a perder los laureles es sentarse en ellos. Valga esa metáfora para desafiar al movimiento del Espíritu a continuar creciendo integralmente. Las congregaciones necesitan enseñanza sólida, alabanza y adoración espiritual y predicación poderosa. Estos y otros elementos deben ser parte de la formación doctrinal, teológica y ministerial de sus miembros y líderes de la obra. El éxito de esa formación dependerá de la calidad de la interpretación y la aplicación práctica de las enseñanzas de la Palabra de Dios a la iglesia. De eso se trata el contenido de esta libro.

1

Hermenéutica Pneumática

Vista desde una perspectiva pneumática, la interpretación del texto bíblico constituye una tarea altamente especializada que demanda disciplina y conocimiento, no solo de la naturaleza de la experiencia sino también de la idiosincrasia del movimiento, sin que esta actividad se aparte de la objetividad. En este campo el maestro asume su responsabilidad con una formación espiritual muy sensible a la revelación de la Palabra de Dios. Contrario a lo que algunos han afirmado, la hermenéutica pneumática no se basa en la experiencia, sino en el fundamento infalible de la Palabra.[1] La 'experiencia' más bien está enmarcada dentro de las señales que acompañan a los creyentes (Marcos 16.17-18). Estos, llenos del Espíritu Santo, son movidos en el amor de Dios a predicar las buenas nuevas de salvación a los perdidos y a confirmar en el poder del Espíritu la obra redentora de Dios, que no solamente salva, sino que también santifica, bautiza con el Espíritu Santo, sana al creyente y lo comisiona para anunciar el inminente retorno del Señor Jesucristo.

Perspectiva Histórica

Obviamente, la interpretación de las Escrituras es influenciada por el marco de referencia, la orientación y formación teológica del lector. Para la mentalidad pneumática, la Palabra puede ser interpretada apropiadamente à través de la dirección o, dicho de otro modo, la

---

[1] Kenneth J. Archer, 'Early Pentecostal Biblical Interpretation', *Journal of Pentecostal Theology* 9 (1996), pp. 32-70.

iluminación del Espíritu Santo. Para ellos el papel del Espíritu Santo en el proceso de interpretación de la Escritura es central y ello se convierte en uno de los distintivos vitales dentro de la experiencia y la vida en el Espíritu que forma parte de la hermenéutica y la teología pentecostal. Así que, una revisión de la hermenéutica pneumática desde una perspectiva histórica revela algunos de los elementos claves que hacen posible entender la realidad de la vida en el Espíritu y sus implicaciones según la interpretación pneumática de la Palabra escrita.

Para el objetivo de este estudio, es importante señalar la necesidad de entender a la actividad pneumática del Espíritu Santo como una acción continua y sostenida en la vida y el ministerio de la iglesia en toda su historia. De ahí que los antecedentes históricos revelan una triple combinación de tres agentes que participan activamente en esa hermenéutica—la Palabra de Dios, el Espíritu Santo y la Comunidad de fe. Este estudio tratará de demostrar como es que esa tarea interpretativa se da exitosamente en el conglomerado del Espíritu.

En esta triple función hermenéutica, (1) el Espíritu Santo es la tercera persona de la Trinidad, quien ejerce una actividad didáctica y reveladora de la personalidad y propósito del texto. Es el agente que enseña, ilumina y revela la verdad de Dios en la Escritura. Mientras que la función de (2) la Palabra se centra en revelar el carácter y la voluntad de Dios para su pueblo. En su contenido más estricto la Palabra revela a la persona, el carácter, el ministerio y objetivo final de Jesucristo. Por medio de esta se puede conocer a Dios Padre a quien el Hijo ha revelado por medio del Espíritu Santo. Por su parte, (3) la comunidad de fe es el conglomerado que se organiza en el orden divino para comprobar la autenticidad de la interpretación.[2] Es la que da testimonio de la credibilidad del profeta o del intérprete de la Palabra. Además, el consejo de la comunidad de fe determina si la credibilidad moral del intérprete y el mensaje están de acuerdo con el espíritu del texto.[3]

---

[2] Véase French L. Arrington, 'The Use of the Bible by Pentecostals', *Pneuma: The Journal of the Society for Pentecostal Studies* 16:1 (1994), pp. 101-107.

[3] Walter Brueggemann, *The Book that Breathes New Life: Scriptural Authority and Biblical Theology* (Minneapolis, MN: Fortress Press, 2011), pp. 37-41.

La vida en el Espíritu

Esta frase forma parte de la nomenclatura acuñada por la comunidad pentecostal para describir el estilo de vida y la condición moral que debe ser un componente natural de los creyentes que han conocido a Cristo. Por lo general el énfasis en el discipulado es el de enseñar y modelar una vida santificada bajo el control y dirección del Espíritu Santo. Eso es lo que mueve al cristiano a buscar una vida de profundidad espiritual que refleja entera consagración a Dios. Además, la congregación es educada a seguir a este tipo de liderazgo y escuchar el mensaje que éste ofrece, basándose en el buen testimonio que han manifestado no solo en su vida pública sino también en su carácter y testimonio cristiano.

La condición de vida en el Espíritu también establece las bases para una interpretación sana de la Escritura. Obviamente, hay otras fuentes de interpretación del texto; pero, para que estas sean creíbles dentro de la comunidad del Espíritu, deben reunir las condiciones antes mencionadas, donde el carácter personal y el testimonio del intérprete deben ser incuestionables. Esto último, ineludiblemente, conduce hacia el camino de la santidad, una doctrina pentecostal que ha sido observada con marcada disciplina en la vida de la iglesia.[4] Algunos han tratado de ligar esta disciplina a la experiencia post-wesleyana de santidad del siglo XIX por su parecido con esta, pero que en realidad ha sido el resultado natural de una vida transformada por la sangre de Jesucristo, la Palabra de Dios y el poder santificador del Espíritu Santo. Por lo general, dentro del marco hermenéutico de la comunidad pentecostal latinoamericana, la vida en el Espíritu es la camino que conduce la condición de santidad. El creyente se despoja de todas las ligaduras de mundanalidad y se consagra al servicio a Dios, lo cual genera una posición favorable para que el creyente sea lleno del Espíritu. Este es el marco que habilita al intérprete pentecostal para enfrentar al texto con autoridad, y desde luego, edificar a la congregación con una revelación y entendimiento sanos de la Palabra de Dios.

Por otro lado, es importante señalar que la condición de vida en el Espíritu establece las condiciones naturales para una continua revelación de la voluntad Dios para la vida de la congregación y la de

---

[4] Véase R. Hollis Gause, *Living in the Spirit: The Way of Salvation* (Cleveland, TN: CPT Press, 2009), pp. 82-88.

los creyentes individualmente. La continuidad de la revelación es observada en la interpretación de la Escritura y en la práctica de la fe. De hecho, esta actividad espiritual es muy común observarla en las congregaciones del Espíritu. El peligro se da cuando esta actividad es forzada por la motivación humana o cuando alguien en particular se aprovecha de la falta de experiencia de la congregación para manipular o excederse particularmente en el uso de los dones carismáticos. Eso justifica la existencia de una comunidad que sepa equilibrar las fuentes de interpretación para que sean de edificación a la congregación.

PARA DISCUSIÓN Y ESTUDIO

1. Desde una perspectiva académica, ¿Por qué es necesario que exista una hermenéutica pneumática?

2. ¿Qué lugar desempeña la reflexión académica dentro del contexto de la interpretación del texto bíblico?

3. ¿Qué se entiende por revelación en el contexto de la hermenéutica pneumática?

4. ¿Cuál es el rol del Espíritu Santo en la interpretación del texto bíblico?

5. ¿Cuáles son los agentes que participan en la hermenéutica pneumática?

6. ¿En qué consiste la continuidad de la revelación en la interpretación de la Escritura?

2

DEFINICIONES IMPORTANTES

Para manejar mejor la discusión sobre la hermenéutica y el método de interpretación pneumático es necesario aclarar algunos conceptos que permitan entender adecuadamente el argumento.

Hermenéutica

En general, este término puede definirse como el conjunto de principios, reglamentos y métodos que hacen posible la interpretación de textos literarios. La interpretación aquí se refiere al proceso de una doble vía que da acceso al texto y que incluye (1) el desarrollo de un sistema metodológico que se ocupe del significado original del texto (exégesis) y (2) la determinación del significado de este, logrado por el lector contemporáneo teniendo en cuenta su situación real actual.[1] Además, a través de este proceso, el intérprete deberá tomar en cuenta los aspectos lingüísticos, culturales, geográficos y las barreras que podrían impedir la interpretación correcta del texto.

Aunque la definición antes ofrecida incluye la interpretación de todos los géneros literarios, en esta presentación la preocupación inmediata es la interpretación del texto bíblico solamente. Por lo que, será necesario aclarar, que el intérprete deberá reconocer inmediatamente que la Biblia presenta un conjunto de elementos hermenéuticos únicos que también demandan una atención única.

---

[1] Scott A. Ellington, 'Pentecostalism and the Authority of Scripture', *Journal of Pentecostal Theology* 9 (1996), pp. 16-38.

Dentro de todo ese marco, será necesario notar en primer lugar, que mientras la Biblia se presenta como un solo libro en términos de revelación, en realidad no es un solo libro en términos lingüísticos— pues contiene hebreo, arameo y griego. Los autores son varios, por ejemplo, Moisés, Esdras, Mateo, Lucas, Pablo y otros. En cuanto al tiempo cronológico, el contenido varía desde la era pre-hebrea hasta la iglesia del primer siglo. En relación con el género literario, además de la narrativa histórica, también contiene mucha literatura del tipo de código legal, poesía, sabiduría, apocalíptica, evangélica, epistolar y otros. Además, en cuanto a la perspectiva teológica, se puede encontrar mucho sobre profecía y cumplimiento profético, la preservación nacional, la evangelización trascultural y otros temas.

En segundo lugar, la Biblia es aceptada como un texto divinamente inspirado, y como tal, no solamente representa el testimonio de Dios, sino también la voz de Dios hablándole directamente al corazón del lector. Este último elemento es fundamental en la hermenéutica pneumática. Es una verdad incuestionable que no se puede negociar.

Tercero, la Biblia ofrece un texto que también se interpreta a sí mismo. El producto de esta auto interpretación ofrece una nueva revelación y con frecuencia presenta nuevos desafíos de interpretación al lector contemporáneo. En la mente del intérprete pentecostal hay una pregunta constante, ¿Qué es lo que realmente dice la Palabra? La conclusión es final y hay que aceptarla en su revelación más estricta.

En cuarto lugar, el texto bíblico también presenta algunas dificultades en el proceso de armonización tales como los problemas sinópticos que el intérprete debe resolver. Ejemplo de estas dificultades se puede observar en la organización sinóptica de los evangelios, las narrativas diferentes en los libros de los Reyes, las Crónicas y las tres diferentes narrativas de la conversión de Pablo, entre otras.[2]

Por otro lado, la Biblia es una obra literaria, y como tal, el intérprete se ve confrontado por los problemas típicos asociados con la interpretación de textos literarios. Además, como la Palabra escrita de Dios, el intérprete es confrontado con nuevas dificultades, las cuales no se encuentran presentes en otros textos literarios. Esto último hace que la hermenéutica bíblica sea única en su género.

[2] Arrington, 'The Use of the Bible by Pentecostals', pp. 102.

La Hermenéutica Pneumática

El hecho de que exista un distintivo hermenéutico pneumático añade más dificultades al manejo del proceso interpretativo tradicional. Primero, porque es necesario definir el término pneumático dentro de la hermenéutica. El problema se agudiza más debido a que aquellos que se auto denominan pentecostales no son necesariamente un grupo homogéneo. Algunos son pentecostales clásicos cuyas raíces teológicas se encuentran en los movimientos de santidad Wesleyano y Keswickano que se dieron durante los siglos XVIII y XIX. El pentecostalismo clásico, por su parte, enseña que la conversión a Cristo es seguida por una experiencia conocida como el bautismo o llenura del Espíritu Santo y que, al momento de esa experiencia, los creyentes hablan en otras lenguas, lo cual es la evidencia inicial del bautismo con el Espíritu Santo. También existen los pentecostales unitarios, más conocidos como los 'Jesús solo' o 'solo Jesús'. Estos enseñan que la experiencia espiritual máxima a alcanzar por el creyente es el hablar en lenguas. El hablar en otras lenguas representa la evidencia externa del grado mayor de santificación logrado por el creyente.

Por otro lado, está el movimiento más joven conocido como carismático o movimiento de renovación carismática. Este movimiento es trasdenominacional y por ende trasciende a todo el cristianismo histórico, reformado y evangélico, incluyendo a la iglesia Católica, la Iglesia Cristiana Ortodoxa, la iglesia Luterana y las tradiciones reformadas y evangélicas. A propósito, Richard Quebedeaux se refiere a la amplitud del impacto global del movimiento carismático, declarando que en realidad un acuerdo doctrinal definitivo no es pre-requisito para la unidad y la comunión entre los creyentes que son llenos del Espíritu.[3] En respuesta a esta posición, Hollis Gause responde desde su cátedra de pentecostalismo clásico, que tal percepción de una unidad de fe basada solamente en la experiencia común del fenómeno de la *glossolalia* y la manifestación y la implementación de los dones carismáticos potencialmente esconde las diferencias de credos y compromisos doctrinales.[4] Así que la diversidad de perspectivas teológicas observables en los grupos carismáticos y los auto denominados

---

[3] Richard Quebedeaux, *The New Charismatics: The Origins, Development and Significance of Neo-Pentecostalism* (Garden City, NY: Doubleday, 1976), p. 123.

[4] Russell P. Spittler (ed.), *Perspectives on the New Pentecostalism* (Grand Rapids, MI: Baker, 1976), p. 113.

pentecostales, ofrecen diferentes y variadas presuposiciones en relación con la interpretación de la Escritura. Por esta razón, se hace necesario aclarar que el esquema de interpretación pneumática trae consigo un proceso hermenéutico alimentado por varias fuentes de pensamiento teológico.

Por todo lo antes descrito, la diversidad de teologías involucradas en el movimiento carismático podría presentar formas muy simples a la interpretación del texto, las cuales tienen el fin de no causar discrepancias o complicaciones a las diversas formas de interpretación ofrecidas por tantas corrientes involucradas. Esto último, hace necesario que exista un fundamento que sirva como base para la hermenéutica que involucra a todas las corrientes pentecostales y carismáticas. Es acá donde el pentecostalismo clásico ofrece su contribución única e insustituible.[5] El método de interpretación del pentecostalismo clásico le ha dado forma a la hermenéutica pneumática, la cual ofrece un marco sólido para la interpretación del texto que puede ser utilizado indistintamente por todas las corrientes relacionadas con la experiencia del bautismo en el Espíritu Santo y el subsecuente estudio de los dones espirituales.

Naturalmente, todas esas fuentes de pensamiento teológico presentes en el movimiento pentecostal, tienen una influencia determinante en su hermenéutica. Así que, una revisión clara y objetiva a la hermenéutica pneumática debe comenzar con una evaluación de los aspectos fundamentales de su teología. Una vez logrado dicho objetivo, la discusión se podrá concentrar en el método hermenéutico de la interpretación del texto y, finalmente, se podrá presentar una agenda que le ofrezca dirección al futuro de la hermenéutica pneumática propiamente dicha.

PARA DISCUSIÓN Y ESTUDIO

1. ¿En qué consiste la hermenéutica bíblica, desde la perspectiva pneumática?

2. ¿Cómo es que la hermenéutica pneumática afirma que la Biblia es un texto divinamente inspirado?

---

[5] Rick Walston, *The Speaking in Tongues Controversy: The Initial Physical Evidence of the Baptism in the Holy Spirit Debate* (Eugene, OR: Wipf & Stock, 2005), p. 30.

3. ¿Cuáles son los desafíos que presenta la aceptación de que la Biblia se interpreta sí misma?

4. Identifique algunos de los problemas asociados con la interpretación de los textos literarios

5. ¿Cuál es la contribución del pentecostalismo clásico al método de interpretación del texto bíblico?

3

FUNDAMENTOS DE LA INTERPRETACIÓN PNEUMÁTICA

Aquí el área a examinar es aquella que se refiere a los fundamentos que son básicos y que le dan forma a la hermenéutica pneumática. A estas alturas, la discusión se concentrará sobre las predisposiciones y presuposiciones que el intérprete pneumático acarrea consigo cuando se enfrenta a la tarea de la interpretación del texto bíblico. Por otro lado, si el intérprete no puede divorciarse de la historia de la hermenéutica, cuando se enfrenta al texto, entonces, para poder apreciar mejor la dinámica de la interpretación pneumática éste tendrá que reconocer, entender y manejar con eficiencia este factor.

Lo antes mencionado, ofrece algunas variables independientes que deben ser consideradas para poder estar de acuerdo en la discusión. Es indudable que el movimiento del Espíritu Santo a la pentecostal ya ha permeado a la cristiandad entera. Lo cual equivale a decir que (1) La experiencia carismática ha dejado de pertenecer a los pentecostales y se ha expandido de tal modo que ya le pertenece a todo el cristianismo en todos las regiones y las confesiones de fe en el mundo. (2) Por otro lado, esa expansión a todos los demás movimientos cristianos trae consigo una diversidad ineludible; es decir, cada cristiano que ha vivido la experiencia pentecostal ya tiene su propio trasfondo teológico y eclesial. Eso hace necesario el establecimiento de fundamentos teológicos y un método de interpretación adecuado que sirvan como marco conceptual a las diversas corrientes que forman parte del movimiento del Espíritu. Incidentalmente, el pentecostalismo clásico posee una unidad teológica y hermenéutica adecuadas dentro un marco eclesiológico sólido.

Trasfondo Histórico

La primera pieza para observar, para examinar tales presuposiciones es el origen histórico de donde emerge el movimiento. La cuna de donde surgió el pentecostalismo clásico fue primordialmente wesleyana e influenciada por el movimiento de santidad de aquella época. Tanto para Juan Wesley como para todos aquellos que han formado parte del movimiento de santidad, un verdadero cristiano estará siempre marcado por dos cualidades inseparables—la santidad y la felicidad.[1]

Dentro del contexto wesleyano, la santidad no es un estado que se logra por medio de la ausencia de pecado, sino por la consagración a Dios de todo corazón. El creyente alcanza esa condición de santidad cuando hace a un lado las afecciones y los intereses personales y se decide por someterse a la absoluta voluntad de Dios. Esta condición es la que genera el estado de 'perfecto amor'.[2] Para la escuela wesleyana, por lo tanto, una persona cuya norma de vida es la santidad, vive en amor y ha alcanzado la felicidad de perseverar en la voluntad de Dios. Esta es una obra de gracia provista por la voluntad soberana del Espíritu Santo, la cual se convertiría en el fundamento teológico para la subsecuente llenura o bautismo con el Espíritu Santo, según lo enseña el pentecostalismo clásico. Luego entonces, ese énfasis en la santificación se convirtió más tarde en el distintivo principal del movimiento wesleyano, el cual serviría como fundamento para la 'experiencia pentecostal' que ocurriría años después.

Ese trasfondo que se ha llamado metodista-wesleyano afectó a gran parte del pentecostalismo clásico y por ende su teología y su hermenéutica. Los enunciados éticos del pentecostalismo proponen una santidad que no es necesariamente ascética, sin embargo, enfatizan que hay que someter el corazón y la carne a la voluntad del Espíritu Santo en forma total. Esa condición de vida transforma al cristiano por completo, en una persona feliz y más productiva. Por

---

[1] Véase Denise Inge (ed.), *Happiness and Holiness: Selected Writings of Thomas Traherne* (Norwich, UK: Canterbury Press, 2008), pp. 103-42.

[2] Amy Caswell Bratton, *Witness of Perfect Love: Narratives of Christian Perfection in Early Methodism* (Toronto, Canada: Clements Academic, 2014), p. 125.

consiguiente, esa condición de santidad genera un estado de amor, el cual impele al creyente a convertirse en un evangelista exitoso.[3] Todo este debate ocurrió al final del siglo XIX y sirvió como base para que los primeros pentecostales justificaran su experiencia y la definieran como la tercera obra de gracia del Espíritu Santo en la vida del cristiano. Los pentecostales clásicos, afirman que el bautismo con el Espíritu Santo ocurre subsecuentemente a la limpieza de corazón. Esto último fue lo que originó la doctrina de la 'subsecuencia',[4] a la cual más tarde le añadirían la doctrina de la 'evidencia inicial'[5], la cual se origina con la explicación teológica de la glosolalia, que es también conocida como la evidencia inicial del bautismo con el Espíritu Santo. Todo este marco histórico es imprescindible en la formación de la hermenéutica y el método de interpretación pneumatológicos.

Juan Wesley

Las tendencias hermenéuticas y la teología de este predicador del siglo XVIII son decisivas para el estudio y entendimiento de la hermenéutica pneumática. Con respecto a este asunto, Wayne McCown fue capaz de identificar cuatro principios que fueron determinantes en la obra de Juan Wesley: (1) El método de predicación de Wesley incluida la lectura de pasajes largos y enteros de la Escritura. Wesley *mismo* se convirtió en una Biblia viviente había memorizado trozos completos de la Biblia. Su pensamiento y lenguaje y expresión se mezclaban con el léxico bíblico. La forma en que se refería a la Escritura demostraba su pasión por el texto, de tal manera que su discurso mismo fue transformado por el poder de la Palabra. (2) Para Wesley el estudio de la Palabra no era meramente un ejercicio académico sino una experiencia devocional fortalecida por el poder de la oración. (3) Wesley creía que la Biblia era la fuente primaria que le daba autoridad a la doctrina que enseñaba y esta era la que nutría sus escritos y su predicación. (4) Finalmente, Wesley consideraba que la aplicación práctica del mensaje de la Palabra era una conclusión necesaria en la tarea

---

[3] Christopher H. Owen, *The Sacred Flame of Love: Methodism and Society in Nineteenth-century Georgia* (Athens, GA: The University of Georgia Press, 1998), p. xv.

[4] Simon Chan, *Pentecostal Theology and the Christian Spiritual Tradition* (Eugene, OR: Wipf & Stock, 2000), p. 85.

[5] Frank D. Macchia, 'Groans Too Deep for Words: Towards a Theology of Tongues as Initial Evidence', *Asian Journal of Pentecostal Studies* 1.2 (1998), pp. 149-73.

hermenéutica.[6] Así que, para Wesley, el propósito del estudio de la Palabra era entender la voluntad de Dios y luego actuar sobre la base de ese entendimiento. Esa fuerte afirmación de la autoridad bíblica para la formulación doctrinal y la respuesta recibida por la aplicación práctica de esta sirvió como el fundamento sobre el cual los creyentes basaran su pensamiento más tarde.

El Movimiento de Santidad

El Movimiento de Santidad también ejerció una influencia decisiva sobre la hermenéutica y la teología del Espíritu. La teología de la santidad del siglo XIX, que también había establecido su teología sobre el pensamiento de Wesley, formuló un patrón de pensamiento y agenda teológica que más tarde sería debidamente elaborada por teólogos del movimiento del Espíritu. Richard Dalton reconoció ese proceso: El reconocimiento manifestado por estos hombres sobre la verdad del bautismo del Espíritu subsecuente a la regeneración contribuye más a la aceptación de las enseñanzas pentecostales, que la aceptación de las enseñanzas misma de éstos, generalmente reconocidas y aceptadas al comienzo del siglo XX. Dwight L. Moody, R. A. Torrey, A. J. Gordon, Andrew Murray, James Elder Cumming y C. R. Vaughan, todos ellos escribiendo antes del año 1900 también coincidieron en sus posiciones doctrinales en relación con la experiencia espiritual conocida como el bautismo con el Espíritu Santo subsecuente a la regeneración. Todos ellos se refirieron a la experiencia como decisiva y estuvieron de acuerdo en que su propósito era infundir poder en el creyente para el servicio cristiano.[7]

Obviamente estos hombres vieron que la oportunidad había sido brindada a cada creyente para participar de una experiencia espiritual especial que toma lugar después de la regeneración. Aunque dos de esos predicadores de la santidad, Torrey y Murray, más tarde escribieron que el hablar en lenguas no era la evidencia inicial física después de la de la regeneración, sin embargo, proveyeron el terreno sobre el cual se fundamentó y desarrolló la teología pentecostal del bautismo

---

[6] Wayne McCown y James E. Massey (eds.), *God's Word for Today: Wesleyan Theological Perspectives* 2 (1982), pp. 3-6.

[7] Véase Richard C. Dalton, 'Pentecostal Doctrine Before Nineteen Hundred', *Paraclete* 7 (1973), pp. 3-9.

con el Espíritu Santo subsecuente a la regeneración.[8] Tales enseñanzas sirvieron de base para que posteriormente se iniciara el sistema de interpretación pneumática.

PARA DISCUSIÓN Y ESTUDIO

1. ¿En qué consiste la hermenéutica pneumática que ofrece el pentecostalismo clásico al movimiento del Espíritu Santo?

2. ¿Cuál es la relación que existe entre el concepto de santidad del movimiento wesleyano y el pentecostalismo clásico?

3. Según el pentecostalismo, ¿Cómo afecta la experiencia devocional y la oración a la interpretación del texto bíblico?

4. Describa los cuatro principios de Wesley que llegaron a ser determinantes en la interpretación pneumática del texto?

5. Cuál es la conexión histórica entre el pentecostalismo clásico y el movimiento de santidad de Wesley?

---

[8] Dalton, 'Pentecostal Doctrine before Nineteen Hundred', p. 8.

4

POSICIONES TEOLÓGICAS

Además de los principios establecidos por sus predecesores, las presuposiciones propias del movimiento también impactaron los principios interpretativos pentecostales. Debido a que la doctrina surge como consecuencia natural de la interpretación bíblica, también parece razonable referirse a una teología pentecostal como base fundamental para la hermenéutica pneumática. El hecho de que esta hermenéutica sostenga este elemento como válido, no desecha que es importante recordar que nadie se dedica a la tarea de interpretar sin tener un marco de referencia teológico pre-establecido. En virtud de lo anterior, la interpretación, como tal, es afectada directamente por las presuposiciones teológicas que el intérprete involucra en el proceso.

El Pentecostalismo Clásico

Para los pentecostales clásicos, las presuposiciones antes mencionadas han pasado a través de tres fases. Históricamente, los primeros pentecostales emergieron de las tradiciones de los movimientos de santidad de Wesley y de Keswick. El movimiento de santidad pentecostal wesleyano mantiene un orden tri-partita con respecto al orden de la salvación en la experiencia cristiana, que incluye la conversión, la santificación y el bautismo en el Espíritu Santo. Los cuales son considerados como tres obras distintas de gracia, que deben ser experimentadas en el orden señalado. Ahora bien, los pentecostales de la escuela de Keswick solamente observan dos obras de gracia que son definitivas en la vida del creyente. Estos dispensan una segunda obra de santificación definitiva, enfatizando la obra santificadora que es inherente a la experiencia de la conversión y que se incrementa gradualmente posterior a la conversión. Acá es necesario enfatizar que la santificación se desarrolla gradualmente—durante y después de la conversión.

Por otro lado, la preocupación de los creyentes por una interpretación sana de la Escritura, claramente emula a la de sus predecesores. Eventualmente, los creyentes tuvieron que enunciar sus propios distintivos teológicos en relación con las definiciones teológicas desarrolladas anteriormente por los movimientos de santidad, donde ellos tienen sus raíces. Por ejemplo, en la literatura pentecostal temprana fue necesario establecer la diferencia entre 'la unción del Espíritu Santo' y el bautismo en el Espíritu Santo'.

Uno de los personajes, cuyo ministerio ha sido asociado con el comienzo del movimiento pentecostal moderno, fue Carlos F. Parham. En uno de sus documentos se refirió a la diferencia entre la unción y el bautismo de la siguiente manera: Esto es la 'unción': Ilumina la Palabra, ofrece revelación de la verdad y es una llenura del Espíritu Santo. Estas son manifestaciones del poder del Espíritu Santo recibidas por aquellos que han sido verdaderamente santificados. Algunos se refieren a esta experiencia como si se tratara del bautismo pentecostal. Aunque tal experiencia personalmente puede ser tan dulce como la miel, sin embargo, eso no es todo; en realidad, la experiencia pentecostal es dada al creyente como fuente de poder para testificar y le da la capacidad de ofrecer a otros lo que la unción le ha dado a él en lo personal. La unción es como un pozo de aguas para el cristiano, empero el bautismo es lo que le da la presión para que esas aguas salgan y corran como corrientes de aguas vivas y que alcancen de esa manera a otras personas.[1]

La distinción entre la unción y el bautismo en el Espíritu Santo era claramente un esfuerzo para referirse a la ecuación de estos dos tipos de experiencias utilizadas por diferentes predicadores del movimiento de santidad. Por supuesto, esta era más bien una discusión teológica dentro del contexto del pentecostalismo primitivo que no tenía nada que ver con la hermenéutica. Sin embargo, revela la preocupación del pensamiento pentecostal de definir aquellos términos

---

[1] Véase Parham, Charles F., *The Sermons of Charles Perham* (Springfield, MO: Gospel Press, 1911), pp. 22-27.

que serían necesarios en la tarea de la interpretación. La necesidad de definir términos teológicos fue precipitada abruptamente por el derramamiento dramático e inesperado del Espíritu Santo sobre aquella generación. Ante tal necesidad, tanto ellos como los que les observaban, buscaron la forma más apropiada de explicar el fenómeno. Fue de esa manera como ellos conectaron aquel fenómeno del comienzo del siglo XX con el recuento histórico de pentecostés en el libro de los Hechos.

Muy pronto, aquellas definiciones de los primeros pentecostales se convirtieron en presuposiciones teológicas basadas en su propio derecho de explicar la experiencia. El primer distintivo pneumático interrelacionaba dos doctrinas: (1) Que el bautismo en el Espíritu Santo es una obra de gracia, diferente de y subsecuente a la experiencia inicial de la salvación, y (2) que el hablar en lenguas es la evidencia inicial y física del bautismo en el Espíritu Santo. Luego estas doctrinas de 'la subsecuencia' y 'la evidencia inicial' fueron integradas a las doctrinas de santidad, como las presuposiciones teológicas primarias de la doctrina pentecostal. Además, mientras que mucha de la doctrina pentecostal retenía el énfasis en la santidad, ya no era necesario enfrascarse en los argumentos que hacían la diferencia entre 'la unción' del Espíritu y 'el bautismo' en el Espíritu Santo. En vez de ello fue necesario invertir tiempo para la apologética pentecostal. La teología ha sido definida y publicada por los pioneros del movimiento y eso mismo atrajo el fuego de los detractores antagónicos al movimiento. Desde entonces, los mejores y más profundos estudios dentro del movimiento del Espíritu Santo sobre la Escritura tuvieron un contenido apologético, cuyo objetivo primario era defender y explicar las doctrinas enseñadas por los primeros pentecostales.

Recientemente, la doctrina pentecostal clásica ha generado la crítica frontal de círculos teológicamente sofisticados. Uno de esos teólogos fue James D.G. Dunn, quien escribió una obra titulada, *Bautismo en el Espíritu Santo*.[2] Aunque en su libro trató a los pentecostales con simpatía en su argumento mostró reservaciones fuertes en lo que se refería a la hermenéutica y la teología pneumática. Así que los argumentos críticos más recientes no solamente han atacado a los distintivos pentecostales, sino que también las bases para esos distintivos,

---

[2] James D.G. Dunn, *Baptism in the Spirit: A Re-Examination of the New Testament Teaching on the Gift of the Spirit in Relation to Pentecostalism Today* (Naperville, IL: Allenson, 1970), pp. 38-52.

la hermenéutica pneumática. Esa crítica fuerte ha generado mucha reflexión y esfuerzo académico de parte de los teólogos pentecostales clásicos. Estos han tenido que re-evaluar las bases bíblicas de la teología pentecostal clásica y como resultado ha surgido una cuarta generación de teólogos del movimiento del Espíritu, que, en el siglo XXI, continúan afirmando sólidamente las doctrinas pentecostales clásicas y proveyendo un fundamento hermenéutico sano para la consolidación de esas doctrinas. La tercera generación del pensamiento pentecostal se caracterizó por la reflexión, pero en los últimos años, especialmente en los primeros años del siglo XXI, los teólogos pentecostales de la cuarta generación han invertido mucho tiempo y esfuerzo en re-evaluar el fundamento interpretativo de la teología del Espíritu. Tales estudios introspectivos han causado el cuestionamiento de los distintivos teológicos pentecostales mismos, pero eventualmente han concluido con un contundente apoyo a la ya bien establecida teología pentecostal la cual también cuenta con un fundamento hermenéutico sólido.

Dificultades Hermenéuticas

La mayoría de los creyentes han abrazado la doctrina de la Trinidad de Dios. Sin embargo, como una variante, los pentecostales unitarios, comúnmente conocidos como los 'Solo Jesús' o 'Jesús Solo' han proclamado la doctrina de un 'unitarianismo evangélico' en relación con la Segunda Persona de la Trinidad. El esfuerzo de este grupo se concentra en armonizar la fórmula trinitaria de Mateo 28.19 con la fórmula que ellos perciben como no-trinitaria en el Libro de los Hechos. Según su observación, en los Hechos el bautismo es administrado en el Nombre del Señor Jesús o Jesucristo.[3] Así que para resolver el problema interpretativo ellos decidieron afirmar la fórmula bautismal narrada en Hechos 2.38, insistiendo que Jesús es la manifestación plena de Dios en la dispensación presente.[4] Hermenéuticamente, esta posición presenta varias dificultades contra las cuales el pentecostalismo

---

[3] David A. Reed, 'From Bethel Temple, Seattle to Bethel Church of Indonesia: Missionary Legacy of an Independent Church', in Michael Wilkinson (ed.), *Global Pentecostal Movements: Migration, Mission, and Public Religion* (Leiden: Brill, 2012), pp. 93-116 (109).

[4] Vinson Synan, *The Holiness-Pentecostal Traditions: Charismatic Movements in the Twentieth Century* (Grand Rapids, MI: Eerdmans, 1997), p. 163.

clásico ha tenido que contender. La controversia se inicia en la interpretación dispensacionalista del involucramiento de la Trinidad en la historia y su relación con la obra de Cristo y el ministerio del Espíritu Santo tal como se presenta en el Nuevo Testamento. Esas presuposiciones teológicas tienen relevancia cuando se trata de entender a los pentecostales unitarios en su forma de interpretar la Trinidad de Dios. Acá es importante aclarar que estos no representan la posición doctrinal de aquellos que universalmente ostentan las características de la teología y la hermenéutica pneumática.

Los Carismáticos y Neopentecostales

Estos vinieron de todos los trasfondos teológicos y han permanecido dentro de sus respectivos movimientos. Debido a que ellos no representan a un grupo claramente identificado, es imposible hacer un estudio comprensivo de su teología y presuposiciones hermenéuticas. Para semejante tarea se tendría que incluir a todas las posiciones teológicas de donde vienen, cosa que es imposible debido al tamaño de su universo.[5] Sin embargo, los carismáticos representan una mentalidad que se basa en la hermenéutica tradicional como el fundamento para una teología sana. Por lo general los grupos carismáticos han tratado de reconciliar las dimensiones pentecostales de su experiencia con las corrientes teológicas de sus respectivas tradiciones. Hollis Gause señala que, por lo general, los carismáticos desean una experiencia pentecostal que no interfiera con sus compromisos doctrinales y tradicionales ya establecidos.[6] Por lo tanto, ellos han tenido que integrar su experiencia pentecostal a su marco de referencia teológico. Una de las posiciones típicas carismáticas afirma que el bautismo en el Espíritu Santo no es necesariamente una obra de gracia, sino que una actualización del potencial espiritual que está latente y disponible para el creyente en la conversión o la iniciación. Esto representa una maniobra que permite al intérprete neocarismático armonizar su experiencia con el trasfondo teológico de donde viene.

---

[5] Michael J. McClymond, 'Charismatic Renewal and Neo-Pentecostalims: From North American Origins to Global Permutations' in Cecil M Robeck Jr. y Amos Yong (eds.), *The Cambridge Companion to Pentecostalism* (Cambridge, UK: Cambridge University Press, 2014), pp. 31-19.

[6] C.H. Pinnock, 'The New Pentecostalism: Reflections of an Evangelical Observer', in Russell P. Spittler (ed.), *Perspectivas on the New Pentecostalism* (Grand Rapids, MI: Baker, 1976), pp. 50-54.

PARA DISCUSIÓN Y ESTUDIO

1. ¿Cómo afectan las presuposiciones teológicas al proceso de interpretación del texto bíblico?

2. ¿Cuál es la diferencia entre la 'unción' del Espíritu Santo y el 'bautismo' con el Espíritu Santo?

3. ¿Cuáles son las presuposiciones teológicas que explican la experiencia pentecostal?

4. ¿Cómo explican los intérpretes del movimiento carismático la experiencia pentecostal dentro de su hermenéutica?

5. ¿Cómo explican los pentecostales la participación de la Trinidad en la interpretación del texto bíblico?

5

POSICIÓN REFERENTE A LA ESCRITURA

El tercer fundamento hermenéutico pneumático decisivo es la posición del movimiento frente a las Sagradas Escrituras. Para los creyentes la verdad divina puede ser revelada a través de un canto, un testimonio, un sermón o a través de los dones espirituales; pero todos estos tienen valor solamente cuando son precedidos o confirmados por la Escritura y por la comunidad de fe.[1] Desde el mismo comienzo, los pentecostales clásicos abrazaron el principio de la Reforma, de que las Escrituras son la única regla de fe y práctica de la vida cristiana. Este principio también es fundamental en la hermenéutica pneumática. En la interpretación pneumática, la autoridad de la Palabra de Dios no es negociable y supersede toda otra o cualquier tipo de 'revelación'. El Pentecostalismo afirma y depende absolutamente de la inspiración verbal de la Biblia.

La Inspiración de la Palabra

El movimiento Pentecostal insiste en que la base para la inspiración se encuentra en la naturaleza misma de Dios. Comunicar es parte de la naturaleza de Dios. Él tomó la iniciativa de compartir sobre sí mismo con otros, enviando a su Hijo al mundo y proveyendo el don del Espíritu Santo. El deseo de Dios de comunicarse o de revelarse a sí mismo, encuentra su expresión en el registro escrito de su Palabra. Así como la Encarnación y el don del Espíritu Santo revelan a Dios

---

[1] Alicia Muñoz Vega, 'Devoción y Sacrificio: La Búsqueda de Dios a Través de los Aposentos en el Neopentecostalismo' *Alteridades* 23.45 (2013), pp. 63-77.

a la humanidad, eso mismo hace el texto bíblico. La implicación acá es que la Biblia ya no es vista como un testigo secundario de Dios, sino como la mente y voz misma de Dios, hablando a través de las edades, utilizando manos de sus libros. Es un testigo primario de Dios porque el registro escrito de su discurso en el texto bíblico es inspirado por el Espíritu Santo; además, como testimonio primario es un testigo salvífico. Esta posición en referencia a la Biblia se apoya sobre el hecho de que un encuentro con la Escritura es en realidad un encuentro con el Dios viviente.

El problema para los pentecostales ha sido entender el rol de los autores humanos en el proceso de la inspiración. Reconocen que los escritores bíblicos todos disfrutaban de una experiencia particular con el Espíritu Santo y que el resultado de esa experiencia es el texto bíblico. El problema se da en la comprensión de la combinación entre la actividad humana y la divina en la producción del texto. Es un problema que acarrea similares dificultades en la discusión de las naturalezas divina y humana que ocurre en la Encarnación de Cristo y la cooperación de la voluntad humana y la divina en ella.

Como respuesta a este problema, algunos pentecostales primitivos asumieron que los escritores bíblicos fueron instrumentos pasivos en las manos de Dios. Estos eran solamente canales a través de los cuales la Palabra de Dios fue expresada. Como resultado, la inspiración fue entendida como si se tratara de un dictado. Esta posición de parte de esos pentecostales primitivos se puede observar en el hecho de que su método de interpretación no incluye o no le da importancia al contexto histórico en el que el texto fue inscrito. Los enunciados bíblicos fueron entendidos como valores o principios generales, pero sin apreciar el contexto histórico en que se dieron. Por supuesto ese punto de vista sobre la inspiración no fue evaluado satisfactoriamente. En el texto se observa la cooperación total entre la naturaleza divina y la humana durante el proceso de registro de la Escritura. Como resultado, la Biblia es igualmente la Palabra de Dios y la palabra del hombre. Para ser más preciso, la Biblia es totalmente divina y humana, así como Jesucristo, desde el momento de la Encarnación, es totalmente Dios y totalmente hombre. Además, si en Cristo ambas naturalezas son indivisibles, de igual manera, en la Escritura, ambas naturalezas son indivisibles. Ahora bien, la dinámica de esa cooperación entre ambas naturalezas sigue siendo un profundo ministerio. Con respecto a este misterio, George Florovsky escribió: Las

Escrituras son inspiradas y, por ello, son la Palabra de Dios. En cuanto a la inspiración, es muy dificultoso definirla apropiadamente. Una definición de la inspiración es muy difícil proveerla hay un elemento de misterio contenido en ella. Es el misterio del encuentro entre lo divino y lo humano. Por lo tanto, es muy difícil entender cómo es que esos hombres de Dios recibieron la Palabra de Dios y cómo es que ellos la pudieron articular en sus propias palabras y en su propio idioma. Con todo ello, esa transmisión humana también era la Palabra de Dios.[2]

La proclamación de la Biblia como un documento humano, de ninguna manera minimiza la realidad de su inspiración divina. 'Toda' Escritura es inspirada por Dios y 'toda' Escritura fue escrita por hombres. La Biblia es enteramente la Palabra de Dios, al mismo tiempo, contiene enteramente palabras de hombres. Estos dos elementos no pueden ser separados ya que ambos son parte de la totalidad de la Escritura; tratar de separarlos solo serviría para destruir el propósito de la Biblia. El elemento divino en la Palabra tampoco puede ser separado del humano, porque Dios ha decidido irrumpir, de esa manera, en la historia humana. La historia humana se convierte entonces en el vehículo que Dios ha escogido para revelarse a sí mismo; por lo que sería incorrecto tratar de descubrir la Palabra de Dios en las Escrituras separándolas del elemento humano presente en ellas.

La Autoridad de la Palabra

Es esa apreciación por la inspiración de la Palabra de Dios lo que ha generado que los pentecostales clásicos defiendan con ardor dicha autoridad que se encuentra inherente en la Escritura. Aunque los detractores de la fe pentecostal la han acusado de fijarse 'solo en la experiencia', la verdad es que, desde el mismo comienzo, el pentecostalismo tuvo la más alta consideración y respeto por la autoridad de la Escritura. Aún, Dale Bruner, quien ha criticado fuertemente al pentecostalismo, admite que el pentecostalismo abiertamente declara que, si el movimiento no pudiera justificar su existencia en las Escrituras, no tendría razón para existir.[3] Esa preocupación por

---

[2] George V. Florovsky, *Bible, Church, Tradition: An Eastern Orthodox View* (Beltmont, MA: Nordland, 1972), p. 77.

[3] Dale F. Brunner, *A theology of the Holy Spirit: The Pentecostal Experience and the New Testament* (Grand Rapids, MI: Eerdmans, 1972), p. 63.

permanecer saludablemente en la autoridad de la Escritura se encuentra presente en la comunidad de fe y práctica del movimiento pentecostal en general.

Una demostración de esta preocupación se puede observar en una de las anotaciones en el libro de la minutas de la Asamblea General de la Iglesia de Dios en 1912: Cada año ha traído preguntas difíciles y cada pregunta ha sido discutida con el propósito de encontrarle respuestas y soluciones en armonía perfecta con la Escritura. En lo que corresponde a los participantes, todos han mostrado un honesto y sincero deseo por la verdad a la luz de la Palabra. Nosotros nunca hemos forzado a la Escritura a que se ajuste o acomode a nuestra conveniencia, al contrario, siempre hemos cedido a nuestro propio propósito y conveniencia a fin de que todo se someta a la obediencia y armonía de las Escrituras, las cuales estamos obligados a defender.[4]

Aquí es importante notar que la supremacía de la autoridad bíblica se extiende desde la iglesia a la vida personal de los creyentes. La Biblia es afirmada como la única norma de autoridad y fe contra la cual toda palabra y experiencia es medida. Ahora bien, aunque esa supremacía de autoridad no es una innovación de los creyentes, ya que esta posición hacia la Escritura encuentra sus raíces en la Reforma, cuyo llamado a afirmar la autoridad de la Escritura por sobre la tradición fue uno de sus más fuertes enunciados; sin embargo, esa pasión con la que el pentecostalismo se apega a la autoridad de la Escritura, contradice la versión popular de que el pentecostalismo es un movimiento que solamente enfatiza el éxtasis y la experiencia carismática.

Esa insistencia en la autoridad de la Escritura fue un argumento que utilizaron los pentecostales primitivos contra aquellos que se oponían a todo lo que se relacionaba con el credo apostólico. Aquella literatura pentecostal estaba saturada de ataques contra las tradiciones humanas. Tales enunciados eran tan polémicos, que se parecían mucho a los enunciados que se dieron antes del período de la Reforma misma. Aquellos argumentos le daban preeminencia a la Escritura por encima de la tradición eclesiástica del Catolicismo Romano. Las siguientes citas de la literatura pentecostal primitiva son muestras de esas convicciones fuertes: Si yo no dijera algo más que esto 'haced a un lado las enseñanzas hechas por hombres o tradiciones, y asidos de

---

[4] Discurso del Supervisor General de la Iglesia de Dios, publicado en el Libro de las *Actas de la Séptima Asamblea Anual de las Iglesias de Dios* (1912), p. 4.

toda la verdad de Dios', ya hubiera yo hablado lo suficiente. Nosotros rechazamos la autoridad de la tradición en las cosas sagradas y nos basamos solamente en la Palabra escrita de Dios.[5]

Es imposible establecer un credo para que un hombre predique y que el Espíritu Santo guíe hacia toda verdad. Si esto fuera verdad o error, no habría diferencia. Si cada artículo fuera tan puro como el oro, rompería la ley de Dios, así como Moisés quebró las tablas de la ley de Dios.[6]

A medida que el movimiento del Espíritu fue creciendo, esa dureza contra los credos fue menguando y se volvió moderado. Eventualmente, los creyentes reconocieron que, aunque 'los credos no son la Escritura', tampoco estos son solamente un record histórico de las memorias del pasado.[7] Finalmente, los creyentes se dieron cuenta de la importancia del valor de la codificación y el registro escritural de sus creencias con el fin de corregir los excesos heréticos que surgen con frecuencia dentro del movimiento mismo. Sin embargo, ellos continúan manteniendo su fuerte convicción de que los credos y las tradiciones solamente pueden tener una autoridad que, en todo caso, se deriva de la autoridad absoluta, la cual se encuentra en las Escrituras.

Por su parte, aunque los carismáticos también insisten en que ellos comparten el mismo celo por la autoridad de la Escritura y que también abrazan el principio de la Reforma de *sola scriptura*, la percepción que algunos carismáticos tienen de la obra continua del Espíritu Santo, por lo general, tiende a disminuir dicha insistencia, especialmente en lo que se refiere a la profecía y la *glossolalia*. Al respecto, Mark McLean apunta que hay una tendencia en los carismáticos a abandonar la autoridad del canon, por la autoridad que les ofrecen las revelaciones frescas del Espíritu Santo.[8] Mientras que estos defienden la autoridad explícita, dicha autoridad es implícitamente desautorizada por el nuevo énfasis en la 'palabra fresca' que los

---

[5] T.S. Payne, 'Traditions and How to Get Rid of Them,' in Burgess, Stanley M., Gary B. McGee y Patrick H. Alexander (eds.), *Dictionary of Pentecostal and Charismatic Movements* (Grand Rapids, MI: Zondervan, 1994), p. 381.

[6] Richard Spurling, *The Lost Link* (Cleveland, TN: Church of God Publishing House, 1920), p. 25.

[7] Howard M. Ervin, *Conversion-Initiation and the Baptism in the Holy Spirit* (Plainfield, NJ: Logos International, 1984), p. 20.

[8] Mark D. McLean, 'Toward a Pentecostal Hermeneutic,' *Pneuma: The Journal of the Society for Pentecostal Studies* 6.2 (1984), pp. 35-36 (35).

carismáticos ponen sobre la profecía y lo que ellos enseñan como el *rhema* de la Palabra. El asunto es que aún el *rhema* o palabra fresca que haya sido revelada debe supeditarse a la autoridad absoluta de la Escritura, o lo que ellos llaman el *logos* mismo. En otras palabras, nada supersede a la autoridad de la Escritura, ni el *rhema* mismo el cual debe ser generado por la Escritura misma. Con respecto a esto último, Richard Quebedeaux provee una amplia evidencia sobre la excesiva exaltación de la profecía carismática:

En el neopentecostalismo, la autoridad espiritual se basa últimamente en la actividad presente y la enseñanza del Espíritu Santo, por lo menos, mucho más en la Biblia misma, cuya verdad esencial es dada a conocer a la gente solamente por el Poder del Espíritu Santo.[9]

Aunque los pentecostales clásicos y los carismáticos creen que Dios habló hoy de la misma manera que habló a los autores bíblicos, las observaciones de Quebedeaux desafortunadamente distorsionan el significado histórico del movimiento pentecostal y carismático. En realidad, el pentecostalismo no propugna abrazar una nueva revelación como el mormonismo, por ejemplo; al contrario, éste se percibe sí mismo como un movimiento de avivamiento, el cual desafía a la iglesia a revivir las experiencias espirituales de la comunidad de fe tal y como están relatadas en el Nuevo Testamento.

Con el fin de delinear la distinción entre la autoridad de la Escritura y la profecía, Cecil Robeck ofrece tres elementos que los creyentes fácilmente identifican como mecanismos prácticos (1) Mientras que la revelación de Dios en la Escritura es normativa en todos los asuntos relacionados con la fe y la *praxis* cristiana, todos los demás elementos que Dios utiliza para guiar a su pueblo, incluyendo el don profecía, están sujetos a la prueba de las normas de la Escritura para legitimizar su validez. (2) Mientras que la Escritura pro— clama para sí misma una autoridad inherente e independiente, la autoridad de la profecía carismática es determinada por su consistencia con la Palabra. Finalmente (3) Mientras que la Escritura es una autoridad universal con aplicaciones universales, la profecía carismática se refiere a individuos específicos en tiempos y situaciones específicos Por lo tanto, el énfasis de la profecía carismática se centra en el valor de la exhortación inmediata que ejerce sobre los oyentes.[10] La obra

---

[9] Quebedeaux. *The New Charismatics*, p. 118.
[10] Cecil M. Robeck, 'The Gift of Prophecy and the All-Sufficiency of Scripture', *Paraclete* 13.11 (1979), pp. 27-31.

reveladora y continua del Espíritu Santo es vista no como un desafío a la autoridad de la Escritura, sino más bien como una aplicación específica del mensaje bíblico, el cual es limitado por dos elementos, la sujeción a la Escritura y la aplicabilidad consistente de la profecía.

La Infalibilidad de la Palabra

Otro elemento que es crucial en el proceso hermenéutico es el reconocimiento de los creyentes de la inspiración e infalibilidad del canon de la Escritura. Al igual que los evangélicos, los pentecostales han tenido dificultades para definir términos tales como infalibilidad e inerrancia cuando se refieren al texto bíblico. Para aliviar esta dificultad, los pastores han tratado de evadir cada uno de los dos excesos más notables. Primero, los pentecostales han rechazado la afirmación liberal de que la Biblia es un documento humano, repleto de errores humanos, que simplemente contiene la Palabra de Dios. Para los pastores esa posición minimiza la autoridad bíblica y limita al intérprete a la tarea de separar lo real de la ficción y la verdad del error. Tal proceso coloca al intérprete con autoridad sobre el texto, en vez de que el texto tenga la autoridad sobre el intérprete. Como resultado, los pastores han observado a la crítica científica de la Escritura con sospecha. La santidad de un canon inspirado espiritualmente es visto por los pastores por encima de todas las facultades humanas, por lo tanto, la Escritura se convierte en la norma que sirve para evaluar los esfuerzos críticos humanos. En vez de que la crítica científica sea la que evalúe la verdad de la Escritura, los pentecostales ven a la verdad de la Escritura determinando la validez y la relevancia de la crítica.

Por otro lado, los pastores rechazaron el extremo fundamentalista que ve a la Escritura como un depósito estático de la verdad, al cual el intérprete analiza utilizando sus facultades racionales solamente. Al contrario, los creyentes han sido capaces de examinar las dificultades encontradas en la Escritura sin utilizar el recurso defensivo de la postura asumida por muchos intérpretes fundamentalistas. Definitivamente, los pastores afirman la infalibilidad de la Biblia; pero mientras esa infalibilidad es una asunción sobre la cual los pastores fundamentan su hermenéutica; también reconocen que no tienen ni la habilidad, ni la responsabilidad de demostrar esa infalibilidad. La Biblia es infalible, porque ha sido inspirada por un Dios infalible. Después de esto no hay otra demostración de infalibilidad que sea necesaria.

Ahora bien, el fundamentalismo está en lo correcto cuando insiste en la inspiración divina de la Escritura, la inerrancia de la Palabra de Dios y otras verdades Bíblicas incluidas en sus cinco puntos fundamentales—la inerrancia de la Escritura, la divinidad de Cristo, el nacimiento virginal, la doctrina de la expiación vicaria y la resurrección corporal en el tiempo de la segunda venida. Sin embargo, la forma en que el dispensacionalismo presenta estas verdades es más bien el resultado de una posición ideológica y no de una perspectiva bíblica. El dispensacionalismo es rígido y rechaza toda forma de revelación que no sea adherida a sus cinco puntos fundamentales; además se opone a toda forma de estudio o aproximación crítica al texto.

La dificultad mayor de la interpretación fundamentalista es que rechaza el carácter histórico de la revelación bíblica y cierra las puertas para una revelación fresca. De manera que se vuelve incapaz de aceptar la verdad total involucrada en la Encarnación misma. En cuanto a la relación del hombre con Dios, el fundamentalismo evita deliberadamente toda forma de acercamiento entre lo divino y lo humano. Se rehúsa a aceptar que la Palabra inspirada de Dios ha sido expresada en lenguaje humano, y que esa Palabra, bajo la inspiración de Espíritu Santo, ha sido expresada por medio de autores con capacidades y recursos limitados. Esa es la razón por la que el fundamentalismo trata al texto bíblico como si se tratara de un dictado, palabra por palabra, por el Espíritu Santo. Por otro lado, falla en reconocer que la Palabra de Dios ha sido formulada en lenguaje y expresiones condicionadas por varios periodos y contextos históricos. Además, no repara en la formas literarias que se conjugan con las formas humanas de pensamiento involucradas en el texto bíblico. En realidad, muchos eventos y recuentos son el resultado de un proceso que se extiende por periodos de largo tiempo y que involucran las marcas de situaciones históricas y contextos diversos.

El fundamentalismo hace tanto énfasis en la inerrancia de ciertos detalles en el texto bíblico que se fija especialmente en aquellos que se refieren a eventos históricos o supuestas verdades científicas. Por lo general convierte en histórico a todo material que desde el mismo comienzo no intentaba aparecer como un antecedente histórico. Así que considera como histórico a todo aquello que es narrado con verbos en tiempo pasado, fallando con ello en considerar la posibilidad de encontrar un significado simbólico o figurativo en el texto.

La Continuidad de la Revelación

El fundamento mismo enseña que el Espíritu Santo nunca ha detenido la función reveladora a través de la Palabra, al contrario, es el Espíritu quien le da vida y significado a la Palabra y la hace accesible al entendimiento del intérprete. La Palabra de Dios no es estática, sino viviente y dinámica; y como tal, siempre estará activa expandiéndose y formando parte de una revelación progresiva. Para el estudioso pentecostal la Palabra continuará expandiéndose e integrándose a la realidad humana en conocimiento, sabiduría y poder, virtudes que nunca dejarán de crecer.

La hermenéutica pneumática parte de una profunda pasión por la Palabra, a la cual se someten porque son amantes de la verdad. El poder de la revelación de la verdad contenida en la Palabra se centra en la persona de Cristo Jesús, el Hijo de Dios. En la interpretación pneumática, la Palabra continúa revelando la voluntad de Dios cada día y es responsabilidad del creyente mantener una vida de profunda relación con ella, no solamente como un libro que hay que leer como requerimiento, sino como una fuente de revelación fresca que desarrolla mayor pasión por el reino de Dios y su justicia.

Desde esta perspectiva, el intérprete pneumático ve al registro o la narrativa histórica del texto como la autoridad final; sin embargo, la Palabra misma impulsa una revelación fresca para cada día, situación o circunstancia. Esa condición genera un sentido práctico de seguridad que le permite confiar su vida y ministerio a Dios. Seguidamente, el intérprete se somete a la dirección del Espíritu Santo para la aplicación práctica y el entendimiento de la verdad contenida en la Escritura.

La hermenéutica pneumática contiene elementos de sencillez y practicalidad. La meta del intérprete es hacer la enseñanza del texto accesible a todos los santos. Esa es una de las razones por la que el movimiento mantiene un alto sentido de responsabilidad entre todos los creyentes. Tanto la cátedra como la predicación de los pastores contienen un mensaje profundo de la verdad basado en la Palabra; pero a la vez, una aplicación práctica y sencilla que es capaz de movilizar a todos los santos para la obra del ministerio.

PARA DISCUSIÓN Y ESTUDIO

1. ¿Cuál es la posición de la hermenéutica pneumática frente a la autoridad de la Palabra?

2. ¿Cómo explican los intérpretes pentecostales la posición de que la Biblia ofrece en sí misma un testimonio salvífico?

3. ¿Cómo se explica la combinación entre la actividad divina y la humana en la producción del texto?

4. ¿Cómo es que la historia humana se convierte en el vehículo que Dios escoge para revelarse a sí mismo?

5. ¿Cuál es la importancia de la codificación y el registro escritural en la comunidad pentecostal?

6

DISTINTIVOS DE LA HERMENÉUTICA PNEUMÁTICA

Para fines apologéticos, será mejor centrar esta discusión sobre algunos elementos que son fundamentales para entender las fuentes de influencia sobre la hermenéutica pneumática. Estos son elementos comunes y típicos del movimiento y ya han sido observados en muchos campos disciplinarios.

La Enseñanza de la Subsecuencia

La enseñanza de que la santificación es una obra de gracia o bendición que ocurre como resultado del nuevo nacimiento a través de la sangre de Cristo, la Palabra de Dios y el Espíritu Santo. Esta enseñanza es fundamental en la hermenéutica pneumática. Además, el pentecostalismo enseña que la santidad es la norma de vida de Dios para su pueblo.[1] Esa condición de santidad es alcanzada cuando el creyente se consagra totalmente a la voluntad de Dios y vive conforme al propósito de Dios para su vida.

Ahora bien, los tres agentes que operan la santificación son: la sangre de Jesucristo, la Palabra de Dios y el Espíritu Santo.[2] La intervención de estos tres agentes santificadores desarrolla el carácter de

---

[1] Un autor que explica la dinámica de los tres agentes de la santificación es David T. Williams, *SANCTUS: Christian Sanctification* (Bloomington, IN: WestBow Press, 2010), p. 188.

[2] Véase Gary Teja, *Formación Espiritual: Pautas para el Crecimiento Cristiano* (Barcelona, España: Editorial CLIE, 2008), p. 218.

Cristo en la vida del creyente y lo preparan para una vida profunda en Dios. Como resultado de esa vida santificada, el creyente recibe el bautismo con el Espíritu Santo. Esa es la experiencia, que ocurre subsecuentemente a la limpieza de corazón, que lo capacita o lo equipa para servir eficiente y eficazmente en la obra de la evangelización.

Dentro de la metodología hermenéutica del pentecostalismo, los elementos acá señalados son indispensables. La interpretación de la Palabra de Dios se hace en torno a la obra del Espíritu Santo, quien hace que la Palabra cobre vida.[3] Además, la fe en el poder santificador de la sangre de Cristo produce un sentido de seguridad a la hora de testificar y compartir el Evangelio con otros. Entonces, la aplicación práctica de la Palabra cobra un poder salvador y se hace realidad en la obra de redención operada por medio de la fe, la cual también es iniciada por el Espíritu Santo.

El Bautismo con el Espíritu Santo en la hermenéutica Pneumática

Una vez que el cristiano es santificado, está habilitado para recibir la promesa del bautismo con el Espíritu Santo.[4] Aunque los pastores todavía no poseen un instrumento estandarizado que permita observar, organizar, cuantificar o cualificar la experiencia de la santificación, todos están de acuerdo en que una persona no puede recibir el bautismo con el Espíritu Santo a menos que haya sido santificada. Esto último, coloca al intérprete dentro de la metodología pneumatológica en el tratamiento del texto bíblico.

La Evidencia Inicial

De las doctrinas pentecostales, la de la *glosolalia* como la evidencia inicial del bautismo con el Espíritu Santo[5], es una de las más sólidas; pero, al mismo tiempo, la más controversial. Glossolalia es la

---

[3] Véase John Christopher Thomas, 'What the Spirit is Saying to the Church—The Testimony of a Pentecostal in New Testament Studies', in Kevin L. Spawn y Archie T. Wright (eds.), *Spirit and Scripture: Examining a Pneumatic Hermeneutic* (New York, NY: T&T Clark International, 2012), pp. 115-29.

[4] Vinson Synan y Charles R. Fox, *William J. Seymour: Pioneer of the Azusa Street Revival* (Alachua, FL: Bridge-Logos, 2012), p. 306-308.

[5] Véase Richard Hogue, *Tongues: A Theological History of Christian Glossolalia* (Mustang, OK: Tate Publishing & Enterprises, 2010), pp. 38-42.

descripción bíblica de la acción de hablar en otras lenguas, las cuales son otorgadas por el Espíritu Santo, según su voluntad soberana. Por lo general son lenguas of expresiones verbales desconocidas. Definitivamente, es imposible estudiar al pentecostalismo sin la compresión o entendimiento de la doctrina de la evidencia inicial.[6] Con toda seguridad, en todos los recuentos bíblicos donde ocurrió la llenura del Espíritu Santo, siempre hubo una evidencia indiscutible. En el Antiguo Testamento, cada vez que la Palabra registra el descenso o la acción Espíritu Santo sobre un individuo siempre hubo una manifestación o evidencia, en la mayoría de los casos la persona profetizaba. En el Nuevo Testamento, la evidencia era hablar en lenguas—*xenolalia o glossolalia*.

Las lenguas que se hablaron en el día de pentecostés son conocidas como *xenolalia*, porque eran humanas y podían ser entendidas por los que conocían el idioma que se hablaba. En el caso de *Xenolalia*, que fue lo que ocurrió el día de Pentecostés, las lenguas eran humanas y conocidas por algunos miembros de la audiencia, y quienes eran el objetivo del fenómeno, para que escucharan las maravillas de Dios, en sus propios idiomas.[7] Sin embargo, en la mayoría de los casos en la historia de la iglesia, hay evidencia más abundante del fenómeno de la *glossolalia*. En este caso los sonidos no pertenecen a sonidos humanos, más bien se trata de sonidos desconocidos, que en muchos casos son angelicales, o balbuceos ininteligibles los cuales hay que interpretar; para lo cual existe el don de interpretación.

Aunque mucho se ha escrito tratando de probar que las lenguas no son normativas como evidencia del bautismo con el Espíritu Santo, la realidad es otra; los creyentes que reciben el bautismo hablan en lenguas, y eso es lo que ha consolidado la enseñanza de la evidencia inicial.

Enfasis Escatológico en la Hermenéutica Pneumática

Según la hermenéutica pneumática, la obra del Espíritu Santo se realiza a través del sacerdocio de todos los santos (Exodo 19.6; 2 Pedro 2.9) cuyo objetivo es la consumación del reino de Dios en todo el

---

[6] Verna M. Linzey, *The Baptism with the Holy Spirit: The Reception of the Holy Spirit as Confirmed by Speaking in Tongues* (Orlando, FL: Xulon Press, 2004), pp. 115-19.

[7] Véase Jacqueline Grey, *Three's a Crowd: Pentecostalism, Hermeneutics, and* the *Old Testament* (Eugene, OR: Wipf & Stock, 2011), pp. 37-44.

mundo. Para ello es necesario que todas las cosas tengan un fin y con ello dar paso a Rey que ha de venir literalmente a poner en orden lo que el diablo y sus seguidores han desarreglado con su obra de iniquidad y rebeldía.

Mucho se ha dicho sobre la influencia del dispensacionalismo en la escatología pentecostal.[8] Tal vez eso se debe al énfasis sobre el inminente retorno de Cristo que ambos movimientos han expresado desde sus respectivos inicios. Sin embargo, cuando uno estudia cuidadosamente la metodología y la eclesiología de ambos movimientos se da cuenta que hay diferencias fundamentales entre ellos. Por ejemplo, la lluvia tardía (Joel 2.23), como el pentecostalismo se ha referido a la experiencia pentecostal en esta generación, es parte del programa de Dios para la redención de la humanidad.[9] Esta es la diferencia mayor entre el dispensacionalismo y la escatología pentecostal.

Para el dispensacionalismo el derramamiento del Espíritu Santo sobre los creyentes, acompañado por el fenómeno de la *glosolalia* y la manifestación de los dones espirituales, no tiene cabida dentro de su sistema rígido dispensacional. Lo que sucedió en una dispensación anterior no tiene cabida en otra dispensación y no se puede repetir. Lo que los pentecostales describen como lluvia tardía (Joel 2.22-24) sucedió en la era apostólica y cesó durante la presente dispensación y ya no tiene cabida hoy. Por su parte, el pentecostalismo es abierto a la obra del Espíritu Santo y no tiene interés en someterse a una rigidez escatológica para satisfacer la demanda metodológica dispensacionalista de la interpretación de la Escritura. Por esa razón la metodología pneumática es pneumática, se enfoca en la obra y ministerio del Espíritu Santo, quien a su vez se encarga de confirmar que la Palabra de Dios se cumpla y que la comunidad de fe se asegure de la perfecta voluntad de Dios para su pueblo. Luego, para el pentecostalismo el retorno de Cristo es necesario e inminente y la obra del Espíritu Santo en esta generación se centra en preparar al presente orden de este mundo y de la iglesia para el retorno del Rey de reyes y Señor de señores.

---

[8] Véase L. William Oliverio, Jr., *Theological Hermeneutics in the Classical Pentecostal Tradition: A Typological Account* (Boston, MA: Brill, 2012), p. 114.

[9] David J. Courey, *What Has Wittenberg to Do with Azusa? Luther's Theology of the Cross and Pentecostal Triumphalism* (London, UK: Bloomsbury T&T Clark, 2015), p. 93. Aunque este autor Luterano discrepa de las enseñanzas del pentecostalismo, su explicación de la 'lluvia tardía' ayuda a entender la diferencia entre el Pentecostalismo y el dispensacionalismo sobre este tópico.

Entonces, para el pentecostalismo la lluvia tardía encaja perfectamente dentro del plan de Dios para la redención final del mundo. Así que el avivamiento explosivo de la experiencia pentecostal en todas las naciones, pueblos y lenguas; al igual que en todas las confesiones de fe cristianas y sobre todos aquellos que confiesan a Cristo como Rey y Salvador, es la confirmación más grande de la acción de Dios sobre este movimiento para el programa completo de la evangelización final del mundo.[10]

PARA DISCUSIÓN Y ESTUDIO

1. Según la hermenéutica pneumática, ¿en qué consiste la santificación? 2. ¿Cómo influencia a la hermenéutica el bautismo con el Espíritu Santo?

3. ¿En qué consiste el énfasis escatológico que hace la hermenéutica pneumática?

4. ¿Cómo se explica el método pneumático?

5. ¿Cómo se explica el avivamiento y crecimiento explosivo de la experiencia pentecostal en todo el mundo?

---

[10] Véase Amos Yong, *Discerning the Spirit(s): A Pentecostal-Charismatic Contribution to Christian Theology of Religions* (Sheffield, UK: Sheffield Academic Press, 2000), p. 213.

7

La Cristología de la Hermenéutica Pneumática

Otro elemento que afecta seriamente a la hermenéutica pneumática es su aproximación a la cristología según es revelada por el Espíritu Santo a través de la Palabra.[1] Para el pentecostalismo es muy importante la referencia paulina a la persona de Cristo. En la mayoría de sus epístolas, Pablo se refiere al Señor como Cristo Jesús (Romanos 3.24, 6.3, 11, 23, 8.1; 1 Corintios 1.2; Gálatas 2.4 y otros), contrario a los demás escritores que lo llaman el Señor Jesucristo. La explicación pneumática es muy importante, el apóstol Pablo no tuvo la experiencia de conocer a Cristo cuando estuvo en su condición humana antes de la cruz. Los otros apóstoles tuvieron una relación personal terrenal con el Señor y con razón se refieren a él como Jesús el hombre perfecto quien era también el Mesías, Cristo. La condición que Pablo conoce del Señor es aquella donde él ya ha resucitado y que ha sido levantado y se ha sentado a la diestra del Padre. Pablo conoció al Mesías Cristo y por esa razón el encuentra una dimensión diferente del Señor, para Pablo el Señor ha pasado de la condición de Jesucristo a la dimensión gloriosa manifestada con todo su esplendor y gloria como Cristo Jesús.[2]

Esta revelación paulina es concomitante con la experiencia pentecostal. El poder del Espíritu Santo ha revelado al Señor Jesucristo en

---

[1] Sammy Alfaro, *Divino Compañero: Toward a Hispanic Pentecostal Christology* (Eugene, OR: Wipf & Stock, 2010), pp. 128-42.

[2] Stephen O. Stout, *The 'Man Christ Jesus': The Humanity of Jesus in the Teachings of the Apostle Paul* (Eugene, OR: Wipf & Stock, 2011), pp. 245-49.

una dimensión de esplendor y gloria, donde el creyente participa y es lleno del mismo Espíritu que resucitó de los muertos a Cristo Jesús y le ha dado poder, dominio y autoridad para proclamar su mensaje redentor a toda la humanidad. Cuando los creyentes son llenos del Espíritu Santo, estos reciben el mismo poder que habita en Cristo Jesús y les da poder y autoridad para proclamarlo y ejecutar su misión redentora en el mundo. Esto hace que los pastores incluyan en su hermenéutica cinco elementos vitales en la formación cristológica de su teología del evangelio completo.

Cristo Salva

Según la cristología pentecostal, 'en ningún otro hay salvación; porque no hay otro nombre bajo el cielo, dado a los hombres, en quien estos puedan ser salvos' (Hechos 4.12). Esto verso incluye la pasión, la prontitud y la teología del pentecostalismo. Cristo Jesús opera a través de sus santos en la consumación de su propósito redentor.[3] La humanidad debe saber que hay esperanza y buenas nuevas de salvación solamente en Cristo Jesús.[4]

Además, esta proclamación del evangelio contiene un sentido de urgencia manifiesta a través de la movilización de todos los creyentes. La salvación en Cristo hay que proclamarla sin dilación, ya que de ello depende la salvación—la vida eterna de la humanidad. Esta urgencia explica en gran medida la constante disponibilidad y movilidad de todos los santos.[5] Además, debido a esa actividad sostenida de los creyentes, las congregaciones pentecostales son dinámicas, crecientes y por consiguiente creativas.[6] Más aun, debido a la búsqueda constante de la presencia de Dios por medio de la oración, el ayuno y la adoración, los creyentes reciben revelación fresca que los motiva a seguir adelante con su ministerio. En el ejercicio de ese servicio se manifiestan los dones espirituales—manifestaciones carismáticas,

---

[3] Jelle Creemers, *Theological Dialogue with Classical Pentecostals: Challenges and Opportunities* (London, UK: T&T Clark, 2015), p. 176.

[4] Véase Wolfgang Vondey, *Pentecostalism: A Guide for the Perplexed* (London, UK: T&T Clark, 2013), pp.73-4.

[5] Sobre la urgencia en la proclamación del evangelio por parte del Pentecostalismo, ver a Courey, *What Has Wittenberg to Do with Azusa?* p. 82.

[6] Laura Saá, 'Hacia una Hermenéutica Pentecostal sobre el Tema de la Salvación', en Daniel Chiquete y Luis Orellana (eds.), *Voces del Pentecostalismo Latinoamericano* II (Concepción, Chile: RELEP, 2009), pp. 139-59.

con señales y prodigios, acompañando a los creyentes, según el Espíritu Santo en su voluntad soberana les imparta .

Cristo Santifica

En la hermenéutica y el método de interpretación pneumático la personalidad de Cristo Jesús es central en todo. En la expiación él derramó su sangre, la cual además de poder redentor, tiene una virtud santificadora poderosa.[7] Por medio de la fe, el creyente se apropia de los beneficios de la expiación y en el proceso se transforma en discípulo de Cristo.[8] Estos elementos hacen necesario que, en la interpretación de la Palabra, la hermenéutica pneumática gire en torno a la vida y misión del Cristo resucitado. Esa labor santificadora eventualmente imputa a los creyentes el carácter de santidad moral que habita en el Señor.

Antes de partir hacia la presencia del Padre, Cristo dijo a sus discípulos que su partida era necesaria a fin de que el Espíritu Santo viniera para completar la obra salvadora que él consumaría en la cruz (Juan 14.16). En su misión, el Espíritu Santo exalta a Cristo y revela los misterios y los beneficios que el creyente obtiene como producto de su relación con él. En realidad, por medio de la fe el creyente es capaz de apropiarse de las bendiciones que son ofrecidas en la obra redentora de Cristo. Además, por medio de la regeneración y la santificación éste desarrolla las virtudes espirituales que le aproximan al carácter de Cristo.[9] Esta es, tal vez, una de las contribuciones más profundas que el método pneumático ha contribuido a la tarea de la interpretación bíblica.

La santificación es un acto de separación de todo lo malo, y de dedicación a Dios[10] (Romanos 12.1-2; 1 Tesalonicenses 5.23; Hebreos 13.12). La Biblia prescribe una vida de 'santidad sin la cual nadie verá al Señor' (Hebreos 12.14). Por el poder del Espíritu Santo el creyente puede obedecer el mandato que dice: 'Sed santos porque yo soy santo' (1 Pedro 1.15, 16). La santificación se efectúa en el creyente

---

[7] Alfaro, *Divino Compañero*, p. 39.

[8] Andrew K. Gabriel, 'The Spirit is God: Pentecostal Perspective on the Doctrine of the Devine Attributes', in Steven M. Studebaker (ed.), *Defining Issues in Pentecostalism: Classical and Emergent* (Eugene, OR: Wipf & Stock, 2008), pp. 52-4.

[9] Vondey, *Pentecostalism: A Guide for the Perplexed*, p. 74.

[10] Keith Warrington, Pentecostal *Theology: A Theology of Encounter* (London, UK: T& T Clark, 2008), p. 207.

cuando éste reconoce su identidad con Cristo en su muerte y su resurrección, y por fe se propone vivir cada día en esta unión con Cristo, y someter todas sus facultades al dominio del Espíritu Santo (Romanos 6.1–11, 13; 8.1, 2, 13; Gálatas 2.20; Filipenses 2.12-13; 1 Pedro 1.5).

Cristo Bautiza con el Espíritu Santo

El Señor Jesucristo ha dado lugar a la venida del Espíritu Santo quien en su función capacitadora llena los creyentes de poder y los capacita para un servicio efectivo.[11] Con todo eso, Cristo es el que bautiza con el Espíritu Santo (Mateo 3.11, Lucas 3.16).

Acá, es importante señalar que el bautismo con el Espíritu Santo no sucede simultáneamente con la conversión, eso hace que la experiencia sea diferente al nuevo nacimiento. Jesús hizo ver claramente que solo los creyentes pueden recibir esta experiencia (Juan 14.17). Aunque el bautismo en algunos casos ha sucedido inmediatamente después de la conversión, el mismo es un evento diferente y no debe confundirse ni mal entenderse su propósito. El bautismo con el Espíritu Santo es un don dado a los creyentes con el propósito de hacerlos más efectivos en el servicio al Señor Jesucristo. En virtud de lo anterior, la experiencia no se ocupa del problema del pecado, ni tampoco tiene como objetivo volver al cristiano más santo. No, el bautismo con el Espíritu Santo tiene que ver con la efectividad en el ministerio y no con las virtudes desarrolladas en el carácter. Más bien, un carácter santificado es el que habilita al creyente a recibir la experiencia.

En realidad, el Bautismo con el Espíritu Santo es la puerta de entrada que conduce a la manifestación de los dones o las habilidades carismáticas en la iglesia. Por la operación de los dones carismáticos, el creyente es capaz de realizar acciones y funciones sobrenaturales— echar fuera demonios, sanar a los enfermos, hablar en otras lenguas y otros (Marcos 16.17-18).[12] La operación de los dones carismáticos

---

[11] Frank D. Macchia, *Baptized in the Spirit: A Global Pentecostal Theology* (Grand Rapids, Zondervan, 2006), pp.72-74.

[12] Una obra muy important sobre el tema de la enfermedad, los demonios y la liberación fue escritor por John Christopher Thomas, *The Devil, Disease and Deliverance: Origins of Illness in New Testament Thought* (Sheffield, UK: Sheffield Academic Press, 1998), pp. 38-44.

es, sin lugar a duda, uno de los distintivos más fuertes del pentecostalismo. Los dones son dados por el Espíritu Santo según su soberana voluntad y él los reparte a cada uno conforme a su propósito.

No se puede hacer referencia a la hermenéutica pneumática sin tomar en cuenta la doctrina del bautismo con el Espíritu Santo. Es más, la llenura del Espíritu Santo conduce a una intimidad profunda con Dios de la cual emana un entendimiento claro del texto bíblico. Además, en el plano eclesiológico, la congregación se vuelve más dinámica, los creyentes se movilizan, el testimonio de Cristo se expande; y todas estas acciones son normalmente acompañadas de señales y prodigios según el Espíritu Santo dirija a los creyentes. Una iglesia pentecostal debidamente entrenada tiene la capacidad de crecer y desarrollarse ilimitadamente, y puede establecer nuevas iglesias en diferentes contextos sociales o culturales en todo lugar.

Cristo Sana

La sanidad divina es una de las doctrinas más prominentes del pentecostalismo. Está basada en la experiencia del Calvario. De modo que la sanidad divina ha sido provista para todos en la expiación.[13] La enfermedad entró al mundo por causa del pecado, sin embargo, la provisión de Dios para la sanidad fue provista por medio de Cristo Jesús, pues 'el mismo tomó nuestras enfermedades y llevó nuestras dolencias' (Mateo 8. 17; Isaías 53.4). Además, 'el llevó nuestros pecados en su cuerpo sobre el madero, para que nosotros, estando muertos a los pecados, vivamos a la justicia; y por cuya herida fuisteis sanados' (1 Pedro 2.24). Así que si la enfermedad entró al mundo como consecuencia del pecado, también por el poder de su sangre vertida en la cruz, Jesucristo hizo provisión para la limpieza de todos los pecados y para la sanidad de todas las enfermedades.[14]

La doctrina de la sanidad divina provista para todos en la expiación tiene una explicación sencillamente pneumática dentro de todo el marco doctrinal pentecostal. En realidad, la postura del movimiento no es aquella de preocuparse por brindar explicaciones

---

[13] Eric Patterson, 'Classical Pentecostals Beliefs, Then and Now: Early Pentecostal Doctrine', in Eric Patterson y Edmund John Rybarczyk (eds.), *The Future of Pentecostalism in the United States* (New York, NY: Lexington Books, 2007), pp. 190-93.

[14] Warrington, *Pentecostal Theology: A Theology of Encounter*, p. 277.

teológicas sobre la sanidad, simplemente es un hecho que ocurre naturalmente dentro de la comunidad de fe; la congregación lo acepta, lo cree y se apropia de él por medio de la fe y la sanidad ocurre.[15] Ya sea por la imposición de manos, por una orden en el Nombre de Jesús o por la oración de fe de los creyentes, los enfermos son sanados y como resultado la iglesia se edifica, crece y el testimonio de Cristo se expande. Los hermanos aceptan la sanidad como una provisión dada por Dios mismo en el poder sanador de la sangre de Cristo. De nuevo, la posición es pneumática y como tal debe entenderse de esa manera. No se puede interpretar la sanidad divina desde la perspectiva pentecostal sin tomar en cuenta el método pneumático desde donde parte el intérprete.

Cristo Viene

Sin duda alguna, la consumación del proyecto de la iglesia es el retorno literal de Cristo a la tierra. Desde la ascensión hasta el día de su retorno la literalidad del evento es parte del plan de Dios para la redención del planeta. La venida de Cristo al mundo es entendida como un solo evento, dividido en dos etapas precisamente por la naturaleza y propósito.[16] En su primera aparición Cristo vino para encarnarse en el mundo y consumar con su muerte y resurrección la redención del hombre. Sin embargo, es necesario que el retorne para ser coronado Rey.[17] El plan de redención no estará acabado sino hasta que Cristo regrese físicamente al planeta.

Entre tanto, es necesario que los creyentes anuncien el evangelio que ofrece vida eterna a todos aquellos que aceptan la buena nueva de Salvación en Cristo. Por un lado, la predicación pentecostal está cargada de un fuerte contenido escatológico y, por otro lado, de un sentido de urgencia por la inminencia del retorno de Cristo. De manera que, la interpretación del texto es continuamente influenciada por la escatología pentecostal; en esta, Cristo es el Rey victorioso que viene pronto para establecer su reino terrenal, el cual será perfecto,

---

[15] Véase Candy Gunther Brown, *Global Pentecostal and Charismatic Healing* (Oxford, UK: Oxford University Press, 2011), pp. 14-21.

[16] Vondey, *Pentecostalism: A Guide to the Perplexed*, p. 136.

[17] Véase Christopher A. Stephenson, *Types of Pentecostal Theology: Method, System, Spirit* (Oxford, UK: Oxford University Press, 2013), pp. 34-35.

lleno de justicia y de paz.[18] En la hermenéutica pneumática este elemento es básico y no puede ser negociado. Esta es la razón por la que los creyentes se esfuerzan y se sacrifican a favor de la causa del evangelio. Su misión es preparar el camino al Rey que viene pronto, lo cual es urgente y definitivo.

PARA DISCUSIÓN Y ESTUDIO

1. ¿A qué se debe que el apóstol Pablo, en sus epístolas, se refiere al Señor como 'Cristo Jesús'?

2. ¿Cuál es el rol de las señales y prodigios dentro de la hermenéutica pneumática?

3. ¿Cómo es que los creyentes se apropian de las bendiciones ofrecidas en la obra redentora de Cristo Jesús?

4. Dentro del contexto de la hermenéutica pneumática, ¿Cuál es el propósito del bautismo con el Espíritu Santo?

5. ¿Cómo se entiende la doctrina de la sanidad divina en la hermenéutica pneumática?

6. ¿Qué lugar tiene el retorno literal de Cristo, en la comunidad pentecostal?

---

[18] Daniel, Castelo, 'Patience as a Theological Virtue: A Challenge to Pentecostal Eschatology', in Peter Althouse, Robby Waddell (eds.), *Perspectives in Pentecostal Eschatologies: World Without End* (Cambridge, UK: James Clark & Co., 2010), pp. 232-46.

8

La Liturgia, la Adoración y la Hermenéutica

Una revisión a la hermenéutica pneumática no estaría completa sin estudiar la liturgia y la adoración pentecostal.[1] Esto es importante porque explica el proceso a través del cual los creyentes son iniciados en la interpretación de la voluntad de Dios a través de la Encarnación de la Palabra en la adoración. En éste los creyentes son guiados a expresarse y a recibir Palabra viva que les permita cumplir con su misión cristiana. La ministración, por lo general, ocurre a través de la alabanza y la adoración y llega a niveles de gran altura espiritual a través de la predicación poderosa de la Palabra y el ejercicio de los dones carismáticos, los cuales están disponibles a todos los santos que fielmente se santifican y se dejan usar por el Espíritu Santo.

La Liturgia Pneumática

Por lo general, los servicios pentecostales son dinámicos y su objetivo es levantar el nombre de Cristo Jesús por encima de todo orden establecido. La expresión corporal y espiritual crean un ambiente de celebración donde participan activamente todos los creyentes. La alabanza y la adoración en el Espíritu son profundas y se renuevan continuamente. Estos elementos conllevan un significado de fortaleza y

---

[1] Sobre el desarrollo de la liturgia pentecostal, véase, Vondey, Wolfgang, *Beyond Pentecostalism: The Crisis of Global Christianity and the Renewal of the Theological Agenda* (Grand Rapids, MI: Eerdmans, 2010), pp. 119-20.

de vida espiritual sólidas y dinámicas.[2] Ellos preparan el ambiente para la ministración de la Palabra y los dones espirituales que son repartidos por el Espíritu Santo según su voluntad soberana a todos los participantes del servicio, donde los creyentes se someten en una disposición receptiva para recibir lo que el Espíritu Santo quiera darles.

En un servicio Pentecostal de corte clásico, es típico observar a creyentes hablando en 'otras lenguas durante la alabanza y adoración o a veces, en momentos especiales durante la predicación, ya sea para confirmar la palabra predicada o para desafiar a la congregación a enfocarse en algún tópico en particular que el Espíritu Santo trata de acentuar en el servicio. Estas manifestaciones son consideradas como carismáticas y forman parte de liturgia misma del servicio. Este tema lo explica muy bien Frank D. Macchia cuando se refiere a la práctica del don de lenguas como parte de la liturgia pentecostal.[3]

Las ordenanzas de la iglesia han sido resumidas a tres el Bautismo en agua, la Cena del Señor y el Lavatorio de Pies de los Santos. Aunque hay otros sacramentos que se practican tales como la presentación (dedicación) de los niños a Dios, las bodas y la ordenación de santos para el ministerio, estos tienen significados litúrgicos diferentes a los tres primeros.

En general estos elementos litúrgicos le dan un fundamento eclesiológico sólido a la comunidad de fe pentecostal. Ellos forman parte de los elementos indiscutibles e insustituibles que sirven como símbolos sagrados y de iniciación entre los seguidores de Cristo.

Además, los símbolos sagrados son percibidos como elementos de formación, de combate y de conquista. Los creyentes no se arrodillan ante los símbolos de la fe cristiana, sino ante el creador de tales símbolos. En las congregaciones pentecostales se utilizan los símbolos sagrados para afirmar a los creyentes en la fe y para hacerles sentir parte de la iglesia. Por lo general, los emblemas sirven como fuente de identidad y permiten que la congregación se apropie de señales

---

[2] Monique M. Ingalls, 'Introduction: Interconnection, Interface, and Identification in Pentecostal-Charismatic Music and Worship', in Monique M. Ingalls, Amos Yong (eds.), *The Spirit of Praise: Music and Worship in Global Pentecostal-Charismatic Christianity* (University Park, PA: The Pennsylvania State University Press, 2015), pp. 2-8.

[3] Frank D. Macchia, 'Tongues as a Sign: Towards a Sacramental Understanding of Pentecostal Experience', *Pneuma: The Journal of the Society for Pentecostal Studies* 15.1 (1993), pp. 61-76.

que le permitan entender mensajes espirituales para el fortaleci-
miento de la fe.[4] Por ejemplo, la cruz es un símbolo que les recuerda
el sacrificio expiatorio de Cristo, quien dijo que, el que quiera ser su
discípulo, debe negarse a sí mismo, tomar su cruz cada día y seguir
en pos de él (Lucas 9.23). Así que el significado de la cruz de Cristo
es de entrega, sacrificio y obediencia total a él; y el que quiera vivir la
vida cristiana según lo diseñado por la Palabra de Dios, debe someterse a este mensaje.

La Alabanza Pentecostal

En Latinoamérica al igual que en otros contextos, la alabanza pentecostal, al principio, fue percibida por gran parte de la comunidad cristiana tradicional, como irracional y desordenada, por su expresiones
físicas de alegría y de gozo.[5] ¡No hubo nada más erróneo e injusto
que eso! En realidad, la alabanza pentecostal es integral.

Haciendo acopio de la simbología del tabernáculo de reunión en
el Antiguo Testamento, la alabanza y adoración del pueblo de Dios
era practicada en tres diferentes lugares o niveles. En el atrio había
manifestaciones masivas de algarabía, gozo y júbilo. La música y la
alabanza de aquel sector del tabernáculo bien podía ser designada
como la 'alabanza de los pies, 'donde el ritmo y el júbilo del pueblo
en fiesta celebraba el triunfo o la victoria y, creaba la firme convicción
de la presencia de Dios en medio de su pueblo.[6] De igual manera, en
un sentido simbólico, los creyentes, al reunirse en sus asambleas de
adoración, aplauden con entusiasmo y practican muchas y variadas
manifestaciones físicas que celebran el triunfo de Cristo en la vida de
la iglesia.

---

[4] Sobre las características de la liturgia Pentecostal en América Latina, ver el
artículo de Berenice Martin, 'New Mutations of the Protestant Ethic among Latin
American Pentecostals', *Religion* 25.2 (1995), pp. 101-17.

[5] Ver la descripción de la música Pentecostal en el artículo de, Maldonado Agui-
rre, Marco, 'La Práctica Musical en los Inicios del Protestantismo en Chile', *Música
de Chile* (Junio 1, 2008). https://www.musicadechile.com/home/main.aspx?m=
1&id=143&action=leer. Accesado 11 Junio 2016.

[6] Véase Macchia, 'Tongues as a Sign', pp. 66.

Alabanza del corazón

Una vez que el pueblo pasada al siguiente nivel de adoración, al lugar santo, el volumen, el ritmo y la algarabía bajaban de intensidad para dar paso a la adoración del corazón. Acá el pueblo se dedicaba a expresarle a Dios su amor, su entrega y consagración a su servicio. Estos reconocían el Señorío de Cristo y se sometían a su voluntad. La música de este nivel era exquisita y motivaba al corazón a postrarse en adoración ante su Hacedor. La adoración pentecostal por lo general sigue ese orden y se inspira en expresarle su amor al Señor.[7] Todo esto prepara al pueblo de Dios a recibir la ministración del lugar santísimo.

Adoración con entendimiento. Una vez que la alabanza de los pies y la adoración del corazón han llegado a su nivel de máxima expresión, el pueblo está preparado para recibir la Palabra. Generalmente el predicador, o figura sacerdotal, comparte el mensaje que Dios tiene en esa ocasión para su pueblo. Por supuesto los niveles anteriores preparan un ambiente de ministración poderosa. La predicación pentecostal por lo general es vibrante, emotiva y cargada de pasión. El mensaje es desafiante y estimula a la congregación a tomar decisiones serias en su relación con el Señor.

La Adoración

En general la adoración pentecostal es profunda, dinámica y creativa. La misión del adorador es entrar en la presencia de Dios y expresarle libremente su amor y devoción a él. Intencionalmente el creyente procura ser original y expresarse a sí mismo delante del Señor. Para ello es necesario despojarse del ritualismo y la actividad religiosa vacía y sin vida que caracteriza a la persona religiosa.[8]

En virtud de lo anterior, en la adoración pentecostal hay un alto contenido de expresión emocional que se manifiesta a través de las condiciones de gozo, paz, esperanza y amor.[9] Todo lo contrario, a

---

[7] Rose Peart, 'Charismatic Bridges Not Charismatic Walls: The reality and purpose of Charismatic Renewal', *Vision Magazine* 17 (September/October 1976).

[8] Daniel N. Maltz, 'Joyful noise and reverent silence: The significance of noise in Pentecostal worship', *Perspectives on silence* (1985), pp. 113-37.

[9] Sobre el contenido emocional de la adoración Pentecostal, ver el estudio de Mandi M. Miller y Kenneth T. Strongman, 'The emotional effects of music on

esta condición es desmeritado y no pertenece a un ambiente verdaderamente pentecostal.

Tanto la liturgia como la adoración sirven para preparar el ambiente para la hermenéutica pneumática. Estos elementos crean un estado de expectación y receptividad dentro de la comunidad de fe que permiten la libre expresión de los dones espirituales y la exposición de la Palabra con un mensaje fresco, actualizado y contextualizado.[10] En otras palabras, el texto crea vida y establece la vida. Los creyentes son estimulados en la fe y animados a vivir para Cristo según las ordenanzas y las enseñanzas del Nuevo Testamento. De ahí que la preocupación de los pastores se centra en estimular la manifestación de los dones ministeriales descritos en Efesios 4.11: '*Y él mismo constituyó a unos, apóstoles; a otros, profetas; a otros, evangelistas; a otros, pastores y maestros, a fin de perfeccionar a los santos para la obra del ministerio, para la edificación del cuerpo de Cristo.*' Cuando esto ocurre la iglesia mantiene un equilibrio sólido que le permite seguir creciendo y avanzando en la evangelización del mundo. De esta manera la gobernabilidad sabia, la enseñanza sólida y la ministración efectiva hacen que la comunidad de fe siga la dirección de la Palabra y se someta a ella conforme a la voluntad de Dios. Ello genera, por consiguiente, un pueblo sano y fuerte. Indudablemente el fin o la misión de la hermenéutica pneumática deja de ser un ejercicio meramente académico y se encarna en la vida de la iglesia misma, sin perder de vista su estricta disciplina y su proceso metodológico de encarar al texto.

PARA DISCUSIÓN Y ESTUDIO

1. Según la Hermenéutica pneumática, ¿Cuál es el propósito de la liturgia en la iglesia?

2. ¿Cuál es la importancia eclesiológica de las ordenanzas de la iglesia?

3. ¿Por qué se afirma que en el servicio pentecostal la adoración es integral?

---

religious experience: A Study of the Pentecostal-Charismatic Style of Music and Worship', *Psychology of Music* 30.1 (2002), pp. 8-27.

[10] Macchia, 'Tongues as a Sign', p. 70.

4. ¿Cuál es el rol de las emociones en la adoración pentecostal?

5. ¿Cuáles son las características típicas de la alabanza pentecostal que la diferencian de la alabanza practicada en otras confesiones de fe?

9

Misión de la Iglesia y la Hermenéutica

Otro elemento clave en el estudio de la hermenéutica pneumática es el concepto que los creyentes tienen con respecto a la misión de la iglesia. Claramente se ha observado que la acción primaria que motiva a los creyentes es la salvación espiritual del hombre. Para ellos la reconciliación del hombre con Dios es primaria y de ahí depende todo lo demás.[1] No se puede transformar a un individuo o una sociedad sin antes asegurarse que la reconciliación con Cristo Jesús se ha efectuado. Desde una perspectiva eminentemente pneumática esto es central y no es negociable. De ahí que la transformación sea vista como una acción natural posterior a la conversión que afecta al individuo en sus relaciones y a todo lo que le rodea.

La Transformación del Hombre y su Mundo

Como se ha planteado acá, la transformación ocurre de adentro hacia afuera. Esto es concomitante con aquella frase del Señor Jesucristo, 'lo que sale del corazón es lo que contamina al hombre' (Mateo 15.11; Marcos 7.20). Luego entonces, el teólogo pentecostal interpreta a la pobreza, la alienación y todo lo negativo que ocurre en la sociedad humana como producto de la corrupción originada por el pecado. De modo que la única esperanza para los hombres es la transformación que produce el evangelio desde el interior de los convertidos al

---

[1] Sobre la idea de transformación en la misión del Pentecostalismo, ver el artículo de Wonsuk Ma, '"When the Poor are Fired Up": The Role of Pneumatolgy in Pentecostal-Charismatic Mission', *Transformation* 24.1 (2007), pp. 28-34.

evangelio. Una vez que son salvos, regenerados y santificados por el poder del Espíritu Santo, la limpieza de la sangre de Jesucristo y la convicción de la Palabra de Dios, los hombres estarán equipados para aprender a vivir una vida transformada y de esa manera afectar a su mundo circundante.

Lo expresado acá se puede observar en sociedades que han experimentado el poder transformador del evangelio. La ciudad de Almolonga en Guatemala ha sido mencionada en muchas ocasiones como un ejemplo de transformación logrado por el poder del evangelio.[2] En dicho lugar hasta la cárcel ha sido cerrada pues no existe más la delincuencia. Las cantinas desaparecieron, los centros de prostitución por igual; en vez de ello todos los ciudadanos prosperaron, la pobreza se redujo significativamente y la bendición de Dios se manifestó sobre la ciudad, de tal manera que aun la naturaleza misma ha sido transformada—la flora, la fauna y la naturaleza también han experimentado el poder de la transformación del evangelio en forma integral.

Si bien es cierto, este tipo de situaciones ocurre en el presente orden de cosas, la esperanza final se centra en la esperanza del retorno literal de Cristo Jesús, cuya inminente venida cambiará el presente orden y lo transformará en perfección para la gloria de Dios. Entonces, dentro de la interpretación de la misión de la iglesia, el pentecostalismo observa por lo menos dos tendencias que van de acuerdo con la paradoja del 'ya, pero todavía no' del reino de Cristo.[3] El reino de los cielos ya está en el mundo y sus señales son manifiestas a todos los hombres.

El crecimiento acelerado de la iglesia en todo el mundo y en todas las sociedades es la evidencia más clara de que el reino de los cielos ya se ha manifestado a la mayoría de los hombres. Sin embargo, su consumación se realizará con el retorno de Cristo a este mundo. El cambiará el orden mundial actual y todos los reinos serán dados a él. Mientras tanto, el pentecostalismo entiende que la misión de la iglesia es proclamar el evangelio de Cristo a toda criatura en cumplimiento con la gran comisión dada por Cristo a sus seguidores antes de partir

---

[2] Ma, 'When the Poor are Fired Up', 30.
[3] Una explicación buena sobre la contradicción escatológica del 'ya, pero todavía no' de Romanos 8, la aporta, McLean, 'Toward a Pentecostal Hermeneutic', pp. 35-56.

hacia el cielo.[4] Este mandato es fundamental para agradar a Dios y el mismo sirve como base para la tarea evangelizadora emprendida por un movimiento cuya misión terminará con la venida de Cristo mismo.

El Reino de Dios y su Justicia

Desde una perspectiva pneumática, en la declaración de Mateo 6.33, el Señor Jesucristo pronunció una Palabra que llamó a sus seguidores a buscar primeramente el reino de Dios y su justicia. Esa es la característica del orden espiritual, social y moral proclamada por Cristo. En el Sur Global, este tema ha causado gran interés debido a las condiciones humanas que se observan en las diferentes regiones que conforman esta zona del mundo.

Mediante la enseñanza de la justicia social, la iglesia impulsa el establecimiento de un orden humano que permite a cada uno de sus miembros a conseguir lo que les es debido según su naturaleza y su vocación. Así, por justicia social entenderemos aquella práctica que genera condiciones para que las personas ejerzan sus derechos individuales y colectivos. Se trata de acciones que reclaman el respeto a los grupos civiles, promoviendo movimientos que defienden la solidaridad y la fraternidad humana. El pueblo de Dios deberá estar a favor de un orden social justo, que promueve la verdad, la justicia y la paz.

Visto de esa manera, donde predomina la justicia social se puede observar condiciones idóneas para la implementación de leyes que promueven la igualdad y de la libertad. Esa es también una forma de practicar el mensaje fraternal del evangelio, generado por la presencia y la actividad del Espíritu Santo en medio de la comunidad, 'por cuanto lo hicisteis a uno de estos, mis hermanos más pequeños, a mí me lo hicisteis' (Mateo 25.40).

Luego entonces, una interpretación pneumática nos guía a concluir que la justicia social genera respeto a las personas, además de la paz, el bienestar y el desarrollo social. También nos forma para entender y aceptar que la autoridad civil está para garantizar la justicia social y para la enforzar la práctica de los valores del bien común.

---

[4] Paul Freston, 'Religious Pluralism and New Political Identities in Latin America', *Latin American Perspectives* 43 (May 1, 2016), pp. 15-30.

Fundamentos de la Justicia Social

La interpretación pneumática nos comunica que el amor es la mediación de Dios en la comunidad manifestándolo plenamente en la persona de Jesucristo como el autor de la verdadera justicia social. Por medio del sacrificio de Jesús de Nazaret Dios hace justos a los que pecadores arrepentidos. En consecuencia, quien experimenta el amor misericordioso de Dios amará también a su prójimo (Mateo 25. 31-46). El Nuevo Testamento también sitúa al amor como el fundamento y la fuerza de la justicia. Las primeras comunidades cristianas hicieron de la comunión de bienes la expresión mayor de la justicia distributiva (Hechos 4.3-12). Un dato nuclear en los evangelios es la unión entre la vida redentora de Jesús y la experiencia de Dios como Padre con los marginados, enfermos, pobres y pecadores. Este cuadro es parte de la esencia de la fe cristiana, la cual considera las relaciones humanas como el ámbito donde se manifiesta la revelación de Dios y donde se lucha por la justicia, validando de esa manera la autenticidad de la fe.

Teología de la Piel

En años recientes algunos teólogos latinoamericanos han expresado sus fundamentos teológicos a favor de la justicia social, por medio de lo que han llamado una teología de la piel. El objetivo de esta es recuperar la esencia del cuidado de la creación y rescatar el valor de la 'cordialidad' para desarrollar una 'teología de la piel' que toca a los pobres, descubriendo su humanidad, sintiendo la humanidad en la piel de los pobres y abrazarlos como hermanos.[5] Esta actividad pneumática apela a sentir a la humanidad con sus necesidades, limitaciones y enfermedades. Es una forma de humanizar el evangelio entre los pobres y los marginados, sufriendo y llorando con ellos a fin de atraerlos al evangelio que los redime y los restaura. Esta línea de pensamiento defiende la posición de que la iglesia debe ser humana. Debe identificarse con los pobres, débiles y marginados y trabajar a favor de su bienestar. Para lograr esto los creyentes deben hacer como Cristo hizo, encarnarse entre los pobres y defender su causa, así como lo hicieron los primeros pentecostales del siglo XX. Solamente así se

---

[5] Véase Hugo Oquendo Torres, 'En la Cama con Mi Madre: Pensar y Sentir la Teología desde la Piel', *Revista Perseitas* 2.1 (2014), pp. 86-112.

comenzará a experimentar una verdadera justicia social. La teología de la piel está a favor de la paz y la justicia según lo enseña la Palabra de Dios y lo practicó el Señor Jesucristo.

El Evangelio a los Pobres

Otro aspecto importante en la fe pentecostal es su origen de clase. El pentecostalismo nació, creció y se desarrolló entre los pobres. Las iglesias pentecostales históricas se originaron dentro del contexto de los pobres. Para teólogos el pentecostalismo mismo es un movimiento que representa a la iglesia de los pobres.[6] Obviamente, su influencia ha sido extraordinaria en la redención y transformación de comunidades enteras.

Paradójicamente, dentro de las denominaciones evangélicas tradicionales, el desafío fue enviar misioneros a los pobres para alcanzarlos con el Evangelio. Ellos tuvieron que dejar su comodidad para ir en busca de los pobres. En cambio, los misioneros pentecostales no tuvieron que dejar su comodidad o clase social como lo hicieron los evangélicos tradicionales. Los misioneros pentecostales, por su parte, fácilmente se incorporaron y se encarnaron en las culturas a donde llegaron.

Los pobres fácilmente les aceptaron y se dejaron conquistar por el poder transformador del evangelio que ellos les proclamaban. Para estos creyentes 'pobres' la misión de la iglesia es sencillamente proclamar las buenas nuevas de Cristo, discipular a los nuevos convertidos y entrenarles para el ministerio. Ese proceso conlleva un alto contenido de transformación integral en la vida individual y colectiva, el cual eventualmente se observa en la transformación de sociedades, ciudades y naciones.

Por supuesto, el crecimiento rápido y explosivo ha hecho que los pentecostales replanteen sus estrategias de formación y educación de líderes de a acuerdo a la visión pentecostal. A medida que los años avanzaron los pentecostales establecieron escuelas de capacitación y seminarios teológicos que han servido para preservar los fundamentos de la fe, la enseñanza y el ministerio. En el siglo XXI el movimiento ha evolucionado y se ha extendido por todo el planeta en

---

[6] Uno de ellos es, R. Andrew Chesnut, *Born again in Brazil: The Pentecostal Boom and the Pathogens of Poverty* (New Brunswick, NJ: Rutgers University Press, 1997), pp. 15-6.

forma acelerada. Si duda que hay un elemento escatológico involucrado aun dentro de esta dinámica que tiene que ver con el inminente retorno de Cristo.

El Evangelio es Transcultural

Los pentecostales entienden 'la gran comisión' como un mandato ineludible en el que todos los creyentes participan activamente. La tarea de la evangelización tampoco conoce barreras raciales, política, ni culturales; es responsabilidad de todos los santos y no de unas pocas personas especializadas en misiones. Este elemento es muy importante para poder entender la dinámica de la actividad transcultural de la iglesia.

La diferencia entre la evangelización transcultural que practica el movimiento pentecostal y la que practica el movimiento evangélico tradicional está en la posición frente a la gran comisión. Para el movimiento pentecostal re-evangelización es una obligación corporal cuyo objetivo es plantar iglesias que se reproducen en todos los contextos humanos y todos los creyentes participan. Para los evangélicos tradicionales, las misiones transculturales son la responsabilidad de algunos misioneros, quienes, en la mayoría de los casos, dejan todo atrás y parten hacia el lugar seleccionado para ejercer su misión. Por lo general ese esfuerzo es costoso y demanda un sacrificio muy grande de parte del 'misionero de carrera.' Por su parte, en el movimiento pentecostal por lo general no hay misioneros de carrera, lo que hay son creyentes comprometidos con la evangelización que están dispuestos a enfrentar las condiciones que sean necesarias a fin de lograr la plantación de iglesias en todos los lugares y contextos donde sea necesario.

Lo mencionado anteriormente es evidenciado por el crecimiento rápido y eficaz que experimentan las congregaciones pentecostales en todo el mundo. Algunos equivocadamente han criticado al pentecostalismo de falta de visión misionera transcultural, cuando en realidad es todo lo contrario, el objetivo primario del pentecostalismo es el cumplimiento de la gran comisión, en la cual todos participan.

Acá no hay 'misioneros de carrera', o de otra manera, todos los creyentes son misioneros de carrera. Esto talvez entre en conflicto con la concepción evangélica tradicional de que es necesario reclutar, entrenar y enviar misioneros transculturales.[7] Esto último es necesario solamente en ambientes espirituales donde la comunidad de fe no ha experimentado una experiencia verdaderamente pneumática. Dentro de la comunidad pentecostal, la formación y el entrenamiento de misioneros más bien se refiere al equipamiento natural de los creyentes para el cumplimiento de la gran comisión. La manera de reconciliar estas posiciones encontradas sería que las denominaciones tradicionales incorporaran en sus métodos la pasión y la dinámica pentecostal dentro de sus esfuerzos misioneros, o ya sea que los pentecostales integraran la capacidad estratégica muy bien diseñada por las iglesias evangélicas tradicionales. Eso traería como resultado una integración que causaría una eficiencia misionera transcultural mucho más efectiva que la practicada hasta hoy.

Pentecostés en las Misiones Transculturales

En la historia de la generación de Babel (Génesis 11.1-3) las lenguas fueron dadas a la humanidad como elementos de juicio, las cuales crearon barreras lingüísticas que más tarde separaron a los hombres e incrementaron las diferencias entre estos. En cambio, en pentecostés (Hechos 2) las lenguas fueron dadas como elementos de bendición a través de las cuales el Espíritu de Dios motiva a los creyentes a expandir el evangelio a toda criatura, comenzando en Jerusalén y concluyendo hasta lo último de la tierra. Luego entonces, en pentecostés Dios redime las diferencias humanas y las utiliza para la bendición de todo el mundo. De esa manera, para los pentecostales las lenguas otorgadas por la soberana voluntad del Espíritu Santo son dones utilizados por los creyentes para la evangelización del mundo. Además, estas son acompañadas por señales, milagros y prodigios, los cuales sirven para hacer la proclamación del evangelio más eficiente y para edificar a los creyentes involucrados en la evangelización.

Además, según la interpretación pentecostal, la lluvia tardía (Oseas 6.3) del Espíritu Santo sobre la iglesia en los últimos años es el cumplimiento de la promesa de Dios de enviar un avivamiento espiritual a todo el mundo antes del retorno de Cristo a la Tierra. El

---

[7] Véase por ejemplo a James E. Plueddemann, 'Culture, Learning, and Missionary Training', in William D. Taylor (ed.), *Internationalizing Missionary Training* (Grand Rapids, MI: Baker Book House, 1991), pp. 217-30.

movimiento pentecostal tiene una misión transcultural claramente definida, cuyo método y estrategia son diferentes a los practicados por el movimiento evangélico tradicional, y por esa razón, es incorrecto referirse al pentecostalismo como un movimiento sin visión misionera transcultural, no hay nada más falaz que tal afirmación.

Además, es incorrecto acusar a otro movimiento solo porque sus prácticos y principios son diferentes a los del acusador, tal acción cae dentro del prejuicio y hasta la ignorancia. Todo lo contrario, el movimiento evangélico tradicional debería observar objetivamente aquellos principios y estrategias que son parte del método misionológico del pentecostalismo, particularmente en lo que se refiere a la pasión y a la movilización de todos los creyentes. Por ejemplo, en lugares del Norte de Africa y del Medio Oriente, en el siglo XXI la iglesia está viva y creciendo en medio de la persecución, ya sea Irak, Egipto o Argelia, la iglesia está viva, llena del Espíritu Santo y plantando nuevas congregaciones en medio del la persecución y la opresión.

Finalmente, para poder entender la hermenéutica pneumática no solamente basta con observar sus fundamentos doctrinales, también es necesario comprender su eclesiología y su escatología. Todos estos elementos complementan al método pneumático de interpretación de modo que el intérprete pueda encontrar explicaciones escriturales sanas e idóneas para la formación y la movilización de todos los creyentes.[8] Una vez manejadas todas estas variables, el erudito será capaz de definir el método de interpretación del texto bíblico y será capaz de formarse un juicio certero y objetivo del significado real de la Escritura, particularmente en lo que se refiere a su significado y aplicación práctica para la generación actual.

PARA DISCUSIÓN Y ESTUDIO

1. Según la hermenéutica pneumática, ¿Cómo se realiza la transformación del hombre y su universo?

2. ¿Qué representa la esperanza del retorno literal de Cristo para la comunidad pentecostal?

---

[8] Una lectura, desde el punto de vista de la participación de las mujeres en el ministerio es un artículo escritor por Cornelia B. Flora, 'Pentecostal Women in Colombia: Religious Change and the Status of Working-Class Women', *Journal of Interamerican Studies and World Affairs* 17.4 (1975), pp. 411-25.

3. ¿Cuál es la diferencia entre las lenguas de Babel y las lenguas de pentecostés?

4. ¿Cuál es el concepto de misión transcultural en la comunidad de fe pentecostal?

5. ¿Cómo se realiza la expansión de la iglesia según la hermenéutica pneumática?

10

CONTEXTUALIZACIÓN DE LA HERMENÉUTICA

El aporte más significativo del pentecostalismo a la hermenéutica es la capacidad de interpretar el texto bíblico en tres niveles que le permiten una actividad integradora. Por un lado, el intérprete se ocupa de aplicar los principios y el significado de la Palabra a la realidad actual—el hombre, su universo y su relación con Dios. Por otro lado, el intérprete es 'iluminado' o dotado por el Espíritu Santo para poder entender el significado de la Palabra cuyo objetivo es la aplicación práctica de la misma en situaciones y condiciones de la realidad humana.[1] Finalmente, la comunidad de fe integra los principios de la Palabra, según estos son revelados por el Espíritu Santo en cumplimiento de la verdad escritural.

Hacia una Lectura Contextualizada del Texto Bíblico

Luego entonces la preocupación del teólogo pentecostal es asegurar una interpretación que sea bíblica y espiritualmente viable en relación con la vida y las necesidades tanto de la comunidad de fe como de la sociedad humana misma. Si esta hermenéutica es integral entonces debe estar a tono con la revelación divina y la respuesta humana a la misma. De ahí que la relación entre el texto y el contexto se vuelve inseparable. El plan de Dios es la redención total de la creación, dentro de la cual está incluido el hombre como individuo, la sociedad

---

[1] Mark J. Cartledge, 'Pentecostal Theological Method and Intercultural Theology', *Transformation: An International Journal of Holistic Mission Studies* 25.2-3 (2008), pp. 92-102.

humana y la naturaleza misma. Tal redención no estará completa hasta que los redimidos tengan la convicción y la capacidad de transformar totalmente al hombre y su universo.[2] Esto implica que habrá necesidad de hacer uso de los dones carismáticos y ministeriales para lograr el objetivo. Por ejemplo, los dones ministeriales son utilizado por el Espíritu Santo y la comunidad de fe para anunciar la presencia y la realidad del reino de Dios en el mundo y para denunciar la injusticia en las relaciones humanas. Por consiguiente, la iglesia es movida a denunciar el pecado individual y estructural que distorsiona la imagen y la voluntad de Dios para el hombre y su mundo.[3] Uno de tantos ejemplos es la injusta distribución de la riqueza entre los hombres, donde unos pocos se enriquecen y los muchos se empobrecen acentuando polos opuestos irreconciliables por la naturaleza pecaminosa de los sistemas del mundo. Indudablemente la iglesia debe entonces alzar su voz y denunciar la injusticia para cumplir con la voluntad de Dios.

Así que, se está haciendo referencia a una lectura pneumática de la Palabra que transforma y produce cambios en las estructuras y los sistemas que tienen que ver con la justicia y las relaciones entre los seres humanos; tal transformación es integral porque incluye la redención y el aprecio por la creación. Una revisión a la trayectoria pentecostal de la iglesia dará evidencias indubitables de la transformación de culturas, sociedades y hasta naciones como consecuencia de la vida que el Espíritu ha generado entre los creyentes.

La obra vicaria del Espíritu Santo en el mundo solo estará completa cuando los principios revelados por Dios en su Palabra se pongan en práctica en todas las relaciones y condiciones humanas. Esta integración de los valores espirituales con la realidad del hombre y su universo traerá verdadera paz y exaltará la verdad de Dios en el mundo.

[2] Kenneth J. Archer, 'Pentecostal Hermeneutics: Retrospect and Prospect', *Journal of Pentecostal Theology* 4.8 (1996), pp. 63-81.
[3] Campos, Bernardo, 'El Post Pentecostalismo: Renovación del Liderazgo y Hermenéutica del Espíritu', *Cyberjournal for Pentecostal-Charismatic Research* 13 (2004). http://www.pctii.org/cyberj/cyberj13/bernado.html. Accesado 15 Junio 2016.

Lectura a la Realidad Humana y su Mundo

El movimiento pentecostal ha crecido extraordinariamente por múltiples razones, pero una de ellas es la habilidad de sus intérpretes bíblicos de comunicar el mensaje de Dios a la generación contemporánea. Los pentecostales se encarnaron entre los más pobres de los pobres y desde ahí crecieron. Ellos no tuvieron que ir en busca de los pobres. Ellos estaban ahí entre los pobres; eran parte de ellos y desde ahí se extendieron y se desarrollaron. Plantaron la iglesia en comunidades muy pobres y desde ahí practicaron una fe y un ministerio transformadores. Contrario a las denominaciones tradicionales evangélicas, estos carecían de poder político, económico y eclesial. Sin embargo, esas limitaciones hicieron posible que ellos depositaran toda su confianza en Dios quien fue su recurso absoluto. Desde esa perspectiva ellos vivieron la encarnación de la Palabra de Dios en la vida de la comunidad,[4] el Nombre de Cristo fue exaltado y las congregaciones prosperaron según crecía la fe de los creyentes.

Luego el pentecostalismo partió desde la comunidad de fe para entender la voluntad de Dios para su pueblo. Ello les permitió afirmarse y ubicarse dentro del propósito de Dios para sus vidas. Desde esa plataforma se puede sugerir que en el pentecostalismo existe la perspectiva de una antropología redimida, donde Dios logra consumar su plan redentor integralmente.

Según apunta Darío López, una lectura pneumática a Lucas 4.18 hace que el intérprete identifique responsablemente las marcas del evangelio—defender al débil, la viuda, el huérfano y el extranjero.[5] En el manifiesto de Galilea, el Señor Jesucristo estableció claramente que su interés primario en el cumplimiento de su misión era proteger al pobre, al necesitado, al destituido y redimir al pecador (Lucas 4.18). No hay duda entonces que el evangelio también está orientado hacia la transformación social del hombre y su universo y que esto sólo será posible cuando los creyentes se encarnen en esta realidad.

Entonces, aquellos que interpretan el texto bíblico tendrán que observar este interés especial de Dios y comunicar debidamente el

---

[4] Véase Margit Eckolt, 'El Fenómeno de los Nuevos Movimientos Religiosos: Una Lectura desde Latinoamérica', *Medellín: Biblia, Teología y Pastoral para América Latina y El Caribe* 39.154 (2015), pp. 195-214.

[5] Darío López Rodríguez, *The Liberating Mission of Jesus: The Message of the Gospel of Luke* (Eugene, OR: Pickwick Publications, 2012), pp. 125-37.

mensaje a la comunidad de fe. Cuando la iglesia pierde de vista las marcas del evangelio se vuelve inefectiva y sin fruto, tornándose en seguida en una institución religiosa rígida y sin vida espiritual. Esta fue precisamente la condición espiritual que aparentemente prevalecía al final del siglo XIX y a principio del siglo XX, antes que comenzara a levantarse el movimiento Pentecostal.[6] Al parecer, en aquel tiempo, la rigidez institucional había vuelto a la iglesia insensible a las necesidades humanas y bastante insensible hacia los valores espirituales enseñados en el evangelio.

Así que, es muy probable que el movimiento Pentecostal haya surgido como una forma nueva de protestar contra ese marco religioso rígido que prevalecía en las iglesias, así lo presentan algunos historiadores del Pentecostalismo, como Augustus Cerillo, por ejemplo.[7] Cerillo encontró que, desde su comienzo, el Pentecostalismo se encarna entre los pobres y se sale de las normas religiosas establecidas en aquel tiempo. Esto último nos permite pensar que el nuevo movimiento tuvo la certeza de habilitar a todos los santos para el ministerio y de esa manera orientarlos a profundizar aún más en los valores y disciplinas contenidos en la Escritura. Obviamente, esta nueva lectura a la Palabra dio origen a una hermenéutica práctica cuyo interés primario era obedecer a la misión de Cristo había encomendado a la iglesia.

Por otro lado, el rechazo natural de las iglesias evangélicas tradicionales al nuevo movimiento no sólo generó persecución contra el Pentecostalismo, sino que los pentecostales mismos se agruparon en comunidades espirituales de crecimiento creando una fuerza expansiva que eventualmente cubrió a todo el mundo. Por muchos años el movimiento fue desarrollando una estructura doctrinal y teológica que le ha permitido una actividad no solamente apologética, sino que también académica. Al ubicarse dentro del contexto espiritual del Siglo XX y al convertirse en el brazo más fuerte y creciente del cristianismo contemporáneo, los teólogos Pentecostales han realizado un

---

[6] Véase Everett A. Wilson, 'They Crossed the Red Sea, Didn't They? Critical History and Pentecostal Beginnings', in Murray Dempster, Byron D. Klaus and Douglas Petersen (eds.), *The Globalization of Pentecostalism. A Religion Made to Travel* (Oxford, UK: Regnum Books International, 1999), pp. 85-115.

[7] Augustus Cerillo, 'The Beginnings of American Pentecostalism: A Historiographical Overview', in Edith L Blumhofer, Russell P. Spittler and Grant A. Wacker (eds.), *Pentecostal Currents in American Protestantism* (Urbana, IN: University of Illinois, 1999), pp. 229-260.

trabajo extraordinario al darle forma a una doctrina que ha estrado en diversos campos de la teología.

Una Lectura Hermenéutica a Lucas 4.18

Una lectura pneumática a Lucas 4.18 hace que el intérprete identifique responsablemente las marcas del evangelio—defender al débil, la viuda, el huérfano y el extranjero. El Señor Jesucristo estableció claramente que su interés primario en el cumplimiento de su misión era proteger al pobre, al necesitado, al destituido y redimir al pecador. No hay duda entonces que el evangelio está orientado hacia la transformación del hombre y su universo y que esto solo será posible cuando los creyentes se encarnen en esta realidad. Entonces, aquellos que interpretan el texto bíblico tendrán que observar este interés especial de Dios y comunicar debidamente el mensaje a la comunidad de fe. Cuando la iglesia pierde de vista las marcas del evangelio se vuelve inefectiva y sin fruto, tornándose en seguida en una institución religiosa rígida y sin vida espiritual.

Esta fue precisamente la condición que prevalecía al final del siglo XIX y a principio del siglo XX cuando comenzó el movimiento pentecostal. En aquel tiempo, la rigidez institucional había vuelto a la iglesia insensible a las necesidades humanas y ciega hacia los valores espirituales. El movimiento pentecostal surge como una forma nueva de protestar contra ese marco religioso, se encarna entre los pobres y se sale de las normas religiosas establecidas en aquel tiempo. El nuevo movimiento habilita a todos los santos para el ministerio y se dedica a profundizar aun más en los valores y disciplinas contenidas en la Palabra. Obviamente, esto dio origen a una hermenéutica práctica cuyo interés primario era obedecer a la misión de Cristo dada a la iglesia.

El rechazo natural de las iglesias evangélicas tradicionales no solo generó persecución contra el movimiento, sino que los pentecostales mismos se agruparon en comunidades espirituales de crecimiento creando una fuerza expansiva que eventualmente cubrió a todo el mundo. Por muchos años el movimiento fue desarrollando una estructura doctrinal y teológica que le permitió no solo una actividad apologética, sino que también desarrolló una actividad académica que le ubicó dentro del contexto espiritual del Siglo XX como el brazo más fuerte y creciente del cristianismo contemporáneo.

La Redención de la Creación

Quizás uno de los elementos más notables en la teología pentecostal sea la esperanza de una redención integral basada en el necesario retorno del Señor Jesucristo quien vendrá a reordenar la creación misma donde el hombre y su universo coexistirán en un estado de perfección. Mientras tanto esa esperanza hoy es vista como un proyecto, el cual está proceso de realización. Dios está trabajando entre los creyentes un nuevo mundo, que comenzó desde los círculos más pobres entre los pobres y que eventualmente se ha expandido para abarcar también a todos aquellos que confiesan a Jesucristo como Señor y Salvador.

Dentro de ese mundo está la redención de la creación y la práctica de la justicia y la paz en las relaciones humanas. No puede existir total redención mientras tales elementos no hayan sido transformados por el evangelio y no se puede entender el mensaje de la Palabra viva de Dios a menos que esta se encarne en las necesidades más elementales de la vida del hombre y su universo.[8] Por ejemplo, una de las dificultades más notables en la vida contemporánea ha sido el conflicto Norte-Sur donde la diferencia entre los ricos y los pobres ha sido prácticamente irreconciliable debido a la injusta distribución de la riqueza y a la corrupción política y administrativa que se ha dado en los países del sur global. La actividad redentora de la iglesia pentecostal ha provocado un cambio de actitud y de mente desde las comunidades más pobres y ha creado esperanza con el evangelio entre las masas empobrecidas del mundo. Este paso conduce eventualmente a la toma de conciencia sobre la responsabilidad cristiana hacia la creación[9] y hacia la proclamación de la paz entre los pueblos.[10] Una actividad hermenéutica que toma en cuenta tales elementos permite que la interpretación del texto y su aplicación práctica sean integrales y

---

[8] Véase Rosario Hermano Agenor Brighenti, *La Misión en Cuestión* (Bogotá, Colombia: Editorial San Pablo, 2009), p.107

[9] Richard E. Waldrop, 'Spirit of Creation, Spirit of Pentecost: Reflections on Ecotheology and Mission in Latin American Pentecostalism', in A.J. Swoboda (ed.), *Blood Cries Out: Pentecostals, Ecology, and the Groans of Creation* (Eugene, OR: Pickwick Publications), pp. 225-33.

[10] También, Lene Sjørup, 'Pentecostals: The Power of the Powerless', *Dialog* 41.1 (Spring 2002), pp. 16-25.

estimula el desarrollo de una comunidad de fe que vive en armonía con el Espíritu y la Palabra.

PARA DISCUSIÓN Y ESTUDIO

1. Según la hermenéutica pneumática, ¿Cómo se da la contextualización en la lectura del texto bíblico?

2. ¿Cómo interpretan los pentecostales la obra vicaria del Espíritu Santo en la vida de la iglesia?

3. ¿Qué lugar tiene la causa de los pobres en la lectura del evangelio según la hermenéutica pneumática?

4. ¿Cuáles son las marcas del evangelio, según Lucas 4.18?

5. Según los intérpretes pentecostales, ¿Cuál es el propósito del retorno literal de Cristo al mundo?

11

EL MÉTODO DE INTERPRETACIÓN PNEUMÁTICO

Esta discusión se centrará sobre la forma en que los pentecostales interpretan el texto bíblico. La discusión girará, además, en torno al método utilizado por estos para interpretar las Sagradas Escrituras. Acá es importante apuntar que los pentecostales tienen una percepción muy única de la naturaleza y la función de las Sagradas Escrituras. De igual manera, estos encaran al texto bíblico dependiendo de la revelación (iluminación) del Espíritu Santo. A continuación, véase algunas de las características más relevantes y muy típicas de la metodología pentecostal para la interpretación del texto bíblico.

Un Método Eminentemente Pneumático

El método de interpretación pneumática es esencialmente pneumático o carismático. Esto equivale a afirmar, que, por lo general, el intérprete depende de la iluminación del Espíritu Santo para llegar a una comprensión plena del significado del texto. Dentro de los círculos pentecostales y carismáticos se manejan dos conceptos claramente definidos que tienen que ver con la revelación divina del texto. Una es la definición de *logos*, la cual representa la Palabra, así como fue recibida y escrita por el autor bíblico. En tal orden, cuando el lector hace contacto con la Escritura, primero se enfrenta con el *logos*—el texto tal y como fue escrito y registrado en la Biblia. Ahora bien, cuando el lector hace contacto con alguna palabra en especial, la cual le revela algo en particular para una situación específica, tal experiencia es conocida como *rhema*.[1] El *rhema* entonces tiene que ver con la revelación individual y la comunicación particular que el Espíritu Santo desea establecer con el lector.

El método pneumático es integral y se consuma cuando la experiencia del intérprete es confrontada con (1) la revelación del Espíritu Santo, (2) la verdad de la Palabra de Dios y (3) el testimonio de la comunidad de fe.[2] Estos tres elementos conforman la legitimidad de la hermenéutica pneumática.[3] En el método pneumático se integran la actividad divina y la humana. Por ejemplo, toda profecía, revelación o exhortación para ser aceptada o confirmada debe pasar por este proceso de examen, el cual ineludiblemente legitimiza o invalida la proposición ofrecida. Así que cuando estos elementos, la Palabra, el Espíritu y la comunidad de fe se integran, no hay lugar a equivocación o error. En una comunidad de gran crecimiento como la pentecostal este elemento es crucial; no hay lugar para equivocarse, ni debe existir error en la interpretación. De todo ello depende la legitimidad de la interpretación del texto, la cual afecta directamente la vida de la congregación.

La Revelación Divina del Texto

El texto bíblico contiene la Palabra de Dios y la acción humana, ambas en perfecta armonía. Así como en la persona de Jesucristo ambas naturalezas la divina y la humana coexisten en perfecta armonía, en la Palabra también coexisten en perfecto balance ambas naturalezas. Dios usa todo lo relacionado al contexto humano para revelar su personalidad y su voluntad divina a los hombres. Por supuesto, el contexto humano revela lo visible, lo tangible y lo humanamente entendible. Así que, para que Dios revela su voluntad a los hombres es necesario que ocurra la intervención divina, la cual trasciende lo físico; pero, utilizando lo humano y los elementos comunes del contexto natural para revelar enseñanzas de orden divino que crean la fe y la hacen desarrollarse dando como resultado la glorificación de Dios en el plano del presente orden. El método pneumático toma en consideración estos elementos y los implementa dentro del proceso

---

[1] McLean, 'Toward a Pentecostal Hermeneutic', p. 36.
[2] Véase Archer, 'A Pentecostal Way of Doing Theology', pp. 301-14.
[3] También, Cartledge, 'Text-Community-Spirit', pp. 130-42.

de interpretación del texto, dando lugar a un ejercicio dinámico e integral que genera un consenso maduro entre los creyentes.

Acá es necesario mencionar, también, la relación entre la revelación individual y la comunicación con la comunidad de fe. Es muy común escuchar a los críticos del pentecostalismo que este método pneumático es subjetivo y que está cargado de experiencia humana, la cual es forzada como divina generando un ambiente de caos entre los creyentes. La verdad es que quienes afirman tal cosa desconocen la epistemología del método pneumático. En éste existe una integración sólida entre la verdad de la Palabra de Dios, la revelación fresca del Espíritu Santo y el testimonio de la congregación[4] (1 Corintios 14.27-31). En realidad, el método pneumático promueve y concretiza armonía en la comunidad de fe. Los creyentes son edificados en la fe y salvaguardados del error por el ejercicio de la sabiduría que emerge dentro del consejo de los santos.

PARA DISCUSIÓN Y ESTUDIO

1. ¿En qué consiste el método pneumático?

2. ¿Por qué se afirma que el método pneumático es integral?

3. ¿A qué se debe que Dios utiliza el contexto humano para revelar su personalidad y su voluntad a los hombres?

4. ¿Cómo ocurre la intervención divina en la interpretación del texto bíblico?

5. ¿Qué es lo que se conoce como la 'revelación fresca' del Espíritu Santo?

---

[4] Archer, 'A Pentecostal Way of Doing Theology', p. 303.

12

Fundamentos de la Interpretación Pneumática

El método pneumático establece las bases para la inspiración verbal de la Escritura. Debido que el autor humano fue inspirado divinamente durante todo el proceso de escrituración, el intérprete, por consiguiente, debe someterse a esa misma inspiración espiritual para poder entender el mensaje de la Palabra. Esta posición definitivamente requiere una conexión espiritual entre el autor antiguo de la Escritura y el lector del presente.[1] Esto hace necesario que se establezca una conexión espiritual entre el lector actual y el escritor antiguo. El Espíritu Santo mismo sirve como puente entre ambos, para así poder comprender el significado legítimo del texto. Por consiguiente, el intérprete asume con profunda convicción, que la Biblia es el libro del creyente. La conexión espiritual entre el creyente de hoy y el escritor antiguo se realiza por medio de la fe en Jesucristo y la aceptación de la dirección Espíritu Santo; quien a su vez sirve como *paracleto* en la acción misma de entender el significado de la Palabra.[2] Si la Biblia fue inspirada en el contexto de la fe; entonces, esta debe ser interpretada en ese mismo contexto de fe.

En relación con lo anterior también ha surgido la cuestión sobre si el inconverso puede comprender las Escrituras o no. En un sentido, la respuesta a esta pregunta es afirmativa, pues las herramientas para la exégesis científica están también a la disposición del no creyente. En realidad, las herramientas para la investigación de las Escritura

---

[1] Arrington, 'The use of the Bible by Pentecostals', pp 101-107.
[2] Dalton, 'Pentecostal Doctrine Before Nineteen Hundred', pp. 3-9.

están abiertas y disponibles a toda persona. Afirmar lo contrario sería dar por sentado que la Biblia contiene incoherencias, o que las Escrituras están reservadas única y exclusivamente para los miembros de la comunidad de fe.

En realidad, las herramientas para la investigación de las Escritura están abiertas y disponibles a toda persona. Afirmar lo contrario sería dar por sentado que la Biblia contiene incoherencias, o que las Escrituras están reservadas única y exclusivamente para los miembros de la comunidad de fe.[3] Una posición como esta conlleva a creer en una interpretación alegórica de la Biblia, lo cual va en detrimento del significado literal del texto. Por el contrario, el intérprete pneumático afirma que existe un significado mucho más profundo en el texto bíblico y que éste solo puede ser percibido a través de los ojos de la fe. Sobre esto último, el escritor Howard Ervin afirmó que 'no es posible penetrar el corazón del mensaje de la Palabra sin la ayuda del Espíritu Santo.'.[4] Por su parte, el apóstol Pablo describe la importancia de esta dimensión pneumática para una hermenéutica sana cuando afirma que, 'Cosas que ojo no vio, ni oído oyó, ni han subido en corazón de hombre, son las que Dios ha preparado para los que le aman' (1 Corintios 2.9).

Epistemología Pentecostal

Un entendimiento profundo de la Escritura es consecuencia natural de la profundidad espiritual del creyente. Sin embargo, para el teólogo pentecostal el conocimiento no es solamente el reconocimiento cognitivo de los preceptos bíblicos, sino más bien la consecuencia natural de la relación personal del creyente con Aquel que ha establecido los preceptos por los cuales vive. Las enseñanzas de la Palabra permanecen ambiguas hasta que Espíritu Santo, quien escudriña aun lo más profundo de Dios (1 Corintios 2.10), ilumina al entendimiento humano para que éste pueda entender los misterios del evangelio; pero dicha epistemología neumática encuentra sus raíces en la Escritura misma. De esa manera el creyente llega a conocer a Dios a través de su andar en comunión con el Espíritu Santo. Su fe entonces no es una simple aceptación intelectual de los preceptos de Dios, sino más

---

[3] Arrington, 'The use of the Bible by Pentecostals', pp. 101-107
[4] Ervin, *Conversion-Initiation and the Baptism in the Holy Spirit*, 29.

bien, una respuesta viva a su relación profunda con el Espíritu de Dios. Siendo así la epistemología pentecostal trata de explicar el origen, los limites y la extensión del conocimiento del texto generado por la actividad directa del Espíritu Santo, quien es el que reparte al pueblo de Dios los dones y la capacidad de en– tender la voluntad de Dios según lo revela la Escritura.

Armonía en la Interpretación

Desde el mismo comienzo, los eruditos pentecostales en su búsqueda de definiciones teológicas tenían un entendimiento muy claro sobre la necesidad de una posición pneumática sólida que les ayudara en el proceso de interpretación de la Escritura.[5] Su mayor preocupación fue establecer armonía en la interpretación. Para el intérprete, Dios, solo, es la fuente perfecta de la verdad, de manera que solo hay una verdad y una sola forma correcta de interpretar las Escrituras.[6] Un ejemplo que ayuda a observar esta posición se puede leer en una versión antigua del Evangelio de la Iglesia de Dios publicado en 1914, que dice: 'Si solo hay una Biblia… es un misterio entonces entender como es que tantas doctrinas han sido originadas desde el tiempo de la Reforma de Martín Lutero. Cada una de esas corrientes proclaman estar en lo correcto y que su credo y declaración de fe están basados en las Escrituras, sin embargo, todas son diferentes. Lo anterior nos lleva a concluir que existe algo erróneo en alguna parte.'[7]

Estos pentecostales entendían que, para evitar caer en el error, necesitaban afianzarse en la verdad y que su doctrina debía fundamentarse sobre la unidad de la Escritura. Una unidad no basada en el conocimiento humano sino en la relación y dependencia absoluta de la guianza y dirección del Espíritu Santo para entender correctamente la Palabra de Dios. Para ellos era necesario hacer a un lado todo elemento que representara interpretaciones personales o independientes.[8] La interpretación de la Escritura debía basarse sobre la acción

---

[5] Arrington, 'The use of the Bible by Pentecostals', p. 106.

[6] Ervin, *Conversion-Initiation and the Baptism in the Holy Spirit*, p. 29.

[7] A.J. Tomlinson, *Church of God Evangel* 1 (1914), p. 3.

[8] Entre los autores que discuten este tema, más recientemente están Robby Waddell y Peter Althouse, 'The Pentecostals and Their Scriptures', *Pneuma: The Journal of the Society for Pentecostal Studies* 38 (2016), pp. 115-21.

reveladora del Espíritu Santo, quien es el que guía al creyente 'a toda verdad' (Juan 16.13).

El método de interpretación pneumático introdujo una nueva forma de estudiar la acción iluminadora del Espíritu Santo en la interpretación del texto. Aunque al principio tuvieron que luchar contra todo tipo de persecución, es obvio que los eruditos pentecostales derivaron una interpretación del texto que eventualmente sobrevivió los ataques inclementes de las críticas académicas del texto. Es más, la prueba de la historia ha demostrado que en realidad el Espíritu de Verdad era el que guiaba y dirigía este proceso hermenéutico.

Peligros Hermenéuticos

Existe, sin embargo, algunos peligros en la dependencia extrema del método pneumático que pueden conducir a un proceso hermenéutico erróneo. Uno de esos peligros potenciales más inminentes es cuando el intérprete contamina la motivación de su propio espíritu con la acción del Espíritu de Dios. Según Rigoberto Gálvez, este fenómeno se puede observar en las acciones entusiastas de aquellos que tratan de hablar o ministrar por el Espíritu.[9] Debido a que el intérprete piensa que actúa según la guianza divina, de hecho, el resultado de su interpretación se vuelve incuestionable e implícitamente demanda autoridad divina, incluso al par de la Escritura misma. Dicho estatus de incuestionabilidad obliga a pensar en la interpretación como si ésta fuera inspirada, infalible y con demandas de autoridad semejantes a las de la Escritura misma.

Debido a que el intérprete piensa que actúa según la guianza divina, de hecho, el resultado de su interpretación se vuelve incuestionable e implícitamente demanda autoridad divina, incluso al par de la Escritura misma. Dicho estatus de incuestionabilidad obliga a pensar en la interpretación como si esta fuera inspirada, infalible y con demandas de autoridad semejantes a las de la Escritura misma. El autor Howard Marshall arremetió fuertemente contra esta posición cuando escribió:

---

[9] Ver el artículo de Rigoberto Gálvez Alvarado, 'A Guatemalan Perspective on Pentecostal and Neo-Pentecostal Theology in the Twenty-First Century', in Miguel Alvarez (ed.), *The Reshaping of Mission in Latin America* (Oxford, UK: Regnum Books International, 2015), pp. 144-60.

Hay personas que han promulgado herejías, pretendiendo ser dirigidos por el Espíritu de Dios. Tales personas dependen de lo que ellos conciben como la ayuda del Espíritu llegando a conclusiones subjetivas peligrosas. Estos fallaron en comparar sus propias palabras con la Escritura. También fallaron en escuchar la verdadera voz del Espíritu Santo, tal como él también les ha hablado a otros intérpretes de la Escritura, en la comunidad de fe y, a través de los siglos. Así que, al interpretar la Escritura, al igual que en otras áreas, es esencial 'probar a los espíritus.'[10]

Este peligro hermenéutico no es necesariamente el resultado de una interpretación pneumática. En realidad, la corrección a este problema se da cuando el método pneumático es sometido a la continuidad histórica de la comunidad de fe.[11] Esto no le da al intérprete ninguna libertad de interpretar la Escritura privadamente, es decir, sin ningún tipo de sumisión a la autoridad de la comunidad de fe. Al contrario, la interpretación pneumático, correctamente ejercida, hace todo lo opuesto; obliga al intérprete a utilizar como referencia de autoridad, lo que el Espíritu Santo también ha revelado a otros intérpretes en generaciones anteriores. De igual manera, éste tendrá conocimiento de la respuesta que otros intérpretes previos tuvieron en relación con el texto. Según Ervin, esta debe ser la responsabilidad primordial del intérprete pneumático: 'Que el método no sea utilizado como medio para espiritualizar (alegóricamente) la interpretación del texto. Por el contrario, debe ser una respuesta verdaderamente existencial y fenomenológica a la iniciativa del Espíritu Santo en la continuidad histórica de la vida en el Espíritu, observada en la iglesia.'[12]

PARA DISCUSIÓN Y ESTUDIO

1. ¿Cómo explica el método pneumático las bases para la inspiración verbal de la Escritura?

2. ¿Cómo se explica el origen del conocimiento de los preceptos bíblicos?

---

[10] I. Howard Marshall, *The Epistles of John* (The New International Commentary on the New Testament; Grand Rapids, MI: Eerdmans, 1978), p. 68.
[11] Ervin, *Conversion-Initiation and the Baptism in the Holy Spirit*, p. 33.
[12] Ervin, *Conversion-Initiation and the Baptism in the Holy Spirit*, p. 23-24.

3. En qué consiste la acción iluminadora del Espíritu Santo en la interpretación del texto?

4. ¿Cuál es la importancia de someter la interpretación del texto a la comunidad de fe?

5. En el método pneumático, ¿Cuál es la referencia de autoridad del intérprete sobre el texto bíblico?

13

EL PAPEL DE LA EXPERIENCIA EN LA HERMENÉUTICA

La dimensión experiencial de la hermenéutica pneumática es otro componente clave en el método de interpretación pneumático del texto. En esta se pueden observar dos diferentes elementos que, aunque diferentes, se relacionan íntimamente entre sí. El primer elemento, tiene que ver con la forma en que la interpretación de la Escritura afecta a la experiencia. El segundo, se refiere a la forma en que las experiencias personal y corporal afectan al proceso de la hermenéutica.

Lo anterior demanda el papel de la experiencia en el intérprete, y más aun, el nivel de santidad o espiritualidad de la persona que se ocupa de la interpretación. Una cosa es concomitante con la otra. El Espíritu Santo obviamente ministra con y a través de intérpretes santificados a fin de preservar la pureza de la interpretación y la aplicación de la Palabra. Aquí, es muy importante el testimonio de la comunidad de fe con respecto al intérprete. La confiabilidad del intérprete está condicionada por el testimonio que la comunidad de fe de en relación con éste. Por supuesto, esto último puede ser un arma de doble filo, en algún momento la comunidad de fe podría ser manipulada por miembros de esta y de esa manera emitir juicios equivocados o erróneos con respecto al intérprete; o, por otro lado, depender tanto de la confiabilidad humana que anule la acción creativa y dinámica del que interpreta. Luego entonces, el método pneumático opera sobre un balance o equilibrio permanente en relación las partes involucradas en el proceso para la integración de la acción divina y la humana en lo que se refiere a la interpretación del texto bíblico.

Experiencia en la Interpretación de la Escritura

Donald Dayton se ha referido al método pneumático como una 'hermenéutica subjetivizante.'[1] Con eso, Dayton dice que el creyente obtiene de la descripción que hace la Escritura de la vida apostólica, el patrón correcto para vivir su propia vida. El creyente no se desconecta objetivamente de la Palabra. Al contrario, al estudiarla y entenderla, éste entra en una continuidad existencial con los creyentes apostólicos y subjetivamente comparte las mismas experiencias de aquellos.

El vehículo para esta experiencia subjetiva es el derramamiento fresco del Espíritu Santo sobre la comunidad de creyentes. Esta 'lluvia tardía' del Espíritu, es la que provee al creyente esa continuidad experiencial con la iglesia del Nuevo Testamento. Esto tiene sentido, porque deben ser la misma iglesia y el mismo Espíritu a través de los siglos, quienes nutran y capaciten a la iglesia para cumplir su ministerio.

Debido a que los creyentes experimentan esa afinidad tan cercana con los creyentes de la iglesia neotestamentaria, a veces ha existido una tendencia entre los pentecostales a desestimar y hasta ignorar a la iglesia de los siglos subsiguientes. Por ello es por lo que Dayton insiste en que la 'subjetivización hermenéutica' afecta negativamente al pentecostalismo.[2] Para Dayton, también los pietistas del siglo XIX con su énfasis en 'una vida superior' aplicaron una interpretación subjetiva y la convirtieron en normativa.[3] Esta experiencia ha sido observada también en creyentes de otras épocas. Ellos aplicaron su interpretación subjetiva al texto y de esa forma trataron de compartir la misma experiencia de los creyentes de la iglesia primitiva.

---

[1] Donald E. Dayton, 'Theological Roots of Pentecostalism', *Pneuma: The Journal of the Society for Pentecostal Studies* 2.1 (1980), pp. 3-21.

[2] Dayton, 'Theological Roots of Pentecostalism', 12.

[3] Dayton, 'Theological Roots of Pentecostalism', p. 8.

Experiencia y la Interpretación de la Escritura

Los primeros pentecostales (temprano en el siglo XX) fueron delibe-radamente sensitivos a la provisión que les había conferido el Espíritu Santo para vivir la experiencia de la iglesia primitiva. El común deno-minador en su testimonio era que también ellos habían recibido 'su propio pentecostés'. De esa manera, ellos se apropiaron de la expe-riencia de Hechos 2 y la aplicaron a sus propias vidas. Por ejemplo, Smith Wigglesworth, uno de los pioneros pentecostales del siglo XX dijo con entusiasmo:

> De pronto me encontré hablando en otras lenguas. El gozo era tan grande que cuando traté de hablar, mi lengua comenzó a ado-rar a Dios en otras lenguas, según el Espíritu me daba que hablase. Entonces me di cuenta de que había recibido la evidencia bíblica. Esa evidencia a mí me pareció maravillosa. Entonces entendí que había recibido la misma evidencia que los apóstoles habían reci-bido el día de pentecostés. Entendí que había recibido el bautismo en el Espíritu Santo y que esta experiencia tenía todo el respaldo de la Palabra de Dios[4]

Los pentecostales no solamente ven a la Escritura como un regis-tro histórico del trabajo de Dios entre los antiguos; también la ven como la fuente principal para determinar la vida cristiana que se debe vivir en el presente. Así como los creyentes del Nuevo Testamento compartieron la experiencia pentecostal con el Espíritu Santo, de la misma manera, todos los creyentes pueden experimentar dicha ben-dición a la cual, en el siglo XX le llamaron 'la lluvia tardía' de pente-costés. Después de todo, la experiencia pentecostal es para 'todos a cuantos el Señor llamare' (Hechos 2.39).

Acá es importante señalar que la *glosolalia* no es el único fenómeno paralelo entre la iglesia del Nuevo Testamento y el pentecostalismo que empezó en el siglo XX. También son parte de la 'lluvia tardía' todos los prodigios, milagros y maravillas que ocurren en la iglesia hoy, tal como sucedió en la iglesia primitiva. Así que los pentecostales esperan que todas las manifestaciones sobrenaturales del Nuevo Tes-tamento sucedan también hoy. Esto incluye no solamente el hablar en 'otras lenguas', sino también que haya sanidades, liberaciones,

---

[4] Smith Wigglesworth, *Ever Increasing Faith* (Springfield, MO: Gospel Publishing House, 1924), p. 113.

milagros, sueños, visiones, y la manifestación de todos los demás dones carismáticos descritos en el Nuevo Testamento. También los dones ministeriales dados por el Espíritu Santo a la iglesia—apóstoles, profetas, evangelistas, pastores y maestros—para capacitar a los santos para el servicio. Por consiguiente, el creyente espera experimentar la presencia de Dios de la misma manera que aquellos lo experimentaron en los primeros días de la iglesia.

Esta misma expectación es observable en los grupos carismáticos que surgieron después. Aunque al respecto Quebedeaux sostiene que 'entre los carismáticos la doctrina bíblica casi se convierte en una forma existencial'.[5] Esta crítica solamente se justifica si la percepción carismática existencial deja de fundamentarse en el significado histórico del texto. Se parecería mucho a la 'crítica empírica' que deliberadamente cercena el significado histórico del contexto de la Escritura, para luego imponerle al texto un significado puramente subjetivo. Acá es critico enfatizar que ese método empírico y racionalístico no tiene cabida en una hermenéutica pneumática sana. Al contrario, la interpretación pneumática preserva el significado histórico del texto, precisamente porque es en la experiencia pentecostal que el contenido histórico de éste es reconstruido. Para el intérprete pneumático existe una conexión innegable entre la experiencia pentecostal de la iglesia primitiva y la misma que continua en el presente.

Por otro lado, es importante señalar, que mientras los pentecostales abrazan una hermenéutica que considera toda la información disponible en el texto para informar a la experiencia personal, estos también descalifican todo intento de poner a la experiencia en el centro del proceso de interpretación. Al respecto, William Menzies, un renombrado teólogo de las Asambleas de Dios, ha expresado que 'tal práctica estaría totalmente fuera de orden. Seria un error muy grande poner a la experiencia personal como la base de la teología. Sin embargo, no sería inapropiado incluir a la experiencia personal y a los datos históricos en alguna parte durante el proceso de interpretación'.[6] Menzies se opone a que la experiencia sea utilizada como fuente primaria para la interpretación y claramente manifiesta que las doctrinas pentecostales jamás se derivaron de ese tipo nocivo de hermenéutica. Al contrario, fue 'el estudio inductivo de la Biblia' el que

---

[5] Quebedeaux, *The New Charismatics*, p. 123.

[6] William W. Menzies, 'Synoptic Theology: An Essay on Pentecostal Hemeneutics', *Paraclete* 13.1 (1979), pp. 14-21.

eventualmente originó el avivamiento pentecostal que tuvo lugar a principios del Siglo XX.

Además, dentro del mismo movimiento pentecostal, algunos eruditos han tratado de cuestionar la validez de su propia hermenéutica. Uno de ellos, Gordon Fee, por ejemplo, argumenta que para los pentecostales la 'experiencia' siempre ha precedido al proceso hermenéutico. Fee asegura que 'los pentecostales tienen la tendencia a hacer exégesis de su propia "experiencia"'.[7] Aun más, asegura Fee, la doctrina pentecostal de la 'subsecuencia,' 'no surge como consecuencia natural de la interpretación de la Escritura, sino más bien, de la necesidad de explicar la 'experiencia.'"[8] Ahora bien, a pesar de las opiniones contradictorias entre Menzies y Fee, ninguno de ellos niega la importancia de la 'experiencia' en el proceso de interpretación. Ambos afirman que, si una doctrina es establecida a través de un proceso sólido de interpretación bíblica, entonces será natural, esperar que sea la 'experiencia' misma la que valide o invalide las conclusiones obtenidas en el proceso de interpretación.

Relación entre la 'Experiencia' y la Interpretación

Por supuesto, la experiencia siempre causará un impacto evidente en la tarea de la interpretación. Otro teólogo pentecostal, Mark McLean, ofrece un nuevo paradigma que trata de integrar a la 'experiencia' con el proceso hermenéutico interpretativo.

En este caso, cómo es que nos damos cuenta de que la evidencia extra bíblica demanda una modificación a nuestro entendimiento de la revelación bíblica. Aquí hay tres posibilidades. Primero, la interpretación personal de la evidencia bíblica es correcta y el entendimiento de la evidencia extra bíblica es incorrecto. La segunda posibilidad es que la interpretación de la evidencia extra bíblica sea correcta pero el entendimiento de la evidencia bíblica sea incorrecto. Finalmente, que ambos, el entendimiento de la evidencia bíblica y la evidencia extra bíblica, sean incorrectos.[9]

Ambos, Fee y Menzies, concuerdan que cuando la 'experiencia' se convierte en el punto de partida para la interpretación, esta

---

[7] Spittler, *Perspectives on the New Pentecostalis*, pp. 122.

[8] Gordon D. Fee, *New Testament Exegesis* (Louisville, KY: Westminster John Knox Press, 2002), p. 126.

[9] McLean, 'Toward a Pentecostal Hermeneutic', p. 35.

obviamente usurpará la posición de la autoridad bíblica. Como resultado la interpretación estará dirigida hacia la justificación de la experiencia. En consecuencia, el significado de la Escritura se volverá susceptible a distorsión y solamente servirá como instrumento a las presuposiciones del intérprete.

La advertencia de Fee y Menzies es muy valida y debe tomarse seria- mente; sin embargo, la totalidad de sus argumentos también deben ser revisados con cautela. El problema del argumento de Fee y Menzies es que su percepción de la tarea hermenéutica en relación con la 'experiencia' personal es radicalmente irreconciliable. Mientras que para la comunidad de fe pentecostal la relación entre la 'experiencia' personal y la Escritura se complementan mutuamente durante el proceso de interpretación. En todo momento, la experiencia ofrece recursos valiosos al proceso hermenéutico y, por consiguiente, el fruto de la interpretación enriquece a la 'experiencia.' Es muy claro que Dios comunica su revelación a través de la Escritura y que también utiliza a la 'experiencia' personal o de la comunidad de fe para integrar el proceso revelador de su voluntad con la iglesia y con sus seguidores, individualmente, cuando él así lo quiere. Acá también es conveniente señalar que Dios utiliza la integración entre la Palabra y la 'experiencia' para revelar verdades espirituales que aun no habían sido descubiertas.

Entonces el problema no es que la 'experiencia' antecede a la tarea hermenéutica; no, el problema se da cuando la 'experiencia' desplaza a la Escritura, la cual es la norma para probar a toda revelación. Pero mientras los teólogos pentecostales no se pongan de acuerdo sobre la relación entre la Escritura y la 'experiencia,' el riesgo señalado por Fee y Menzies deberá servir como advertencia para alcanzar una interpretación sana. Obviamente para confrontar este asunto será necesario, primero, que los pentecostales expliquen qué papel desempeña la 'experiencia' personal en relación con la interpretación del texto. Segundo, también tendrán que demostrar que esa relación es justificable. Tercero, tendrán que establecer cuál será la mejor manera de evitar potenciales interpretaciones erróneas. Cuarto, será necesario establecer un diálogo franco y continuo que trate sobre la relación entre la 'experiencia' y la Escritura. Todo esto permitirá que los eruditos pentecostales eviten la manipulación de la Escritura para justificar posiciones teológicas predeterminadas.

PARA DISCUSIÓN Y ESTUDIO

1. ¿Qué importancia tiene la espiritualidad del intérprete en la tarea de la interpretación?

2. ¿A qué se debe que la confiabilidad del intérprete está condicionada por el testimonio de la comunidad de fe?

3. ¿Cómo afecta la 'subjetivización hermenéutica' al pentecostalismo?

4. ¿Cómo afecta la experiencia personal del intérprete a la interpretación del texto bíblico?

5. ¿Cuál es la relación positiva entre la experiencia personal y la interpretación del texto?

6. ¿Cómo es que Dios utiliza la integración entre la Palabra y la experiencia humana para revelar verdades espirituales?

14

La Narrativa Histórica en la Interpretación

La teología pentecostal depende mucho de la narrativa histórica, especialmente de la narrativa del libro de los Hechos. Así que, la interpretación correcta del texto depende mucho de la habilidad del intérprete para discernir la intención del autor. La mayor preocupación de la hermenéutica pneumática es que el intérprete no distorsione el mensaje de los Hechos. Tal distorsión potencial podría ocurrir ya sea por la imposición de significados extraños sobre el texto de Lucas o por la omisión deliberada del verdadero significado de este.

Lo expuesto aquí es muy importante para la hermenéutica pneumática, debido a que la narrativa del libro de los Hechos es la fuente principal para las doctrinas de la (1) 'subsecuencia' y la (2) 'evidencia inicial.' Este libro contiene cinco eventos históricos que son fundamentales para el establecimientos de dichas doctrinas: La narrativa pentecostal (Hechos 2), el pentecostés samaritano (Hechos 8), la conversión y el llamamiento de Saulo (Hechos 9), el pentecostés de los gentiles (Hechos 10) y el pentecostés de los efesios (Hechos 19). Cada uno de estos registros describe la experiencia del bautismo en el Espíritu Santo en la iglesia neotestamentaria. De manera que, existe suficiente evidencia para la doctrina de la 'subsecuencia' en cada una de estas narrativas. También afirman que el tema de las lenguas es deliberada y explícitamente mencionado en tres ocasiones, y en las otras dos, el asunto también es implícito.

Aunque el tema de las lenguas no se menciona en la narrativa de Samaria (Hechos 8), es muy claro que sí hubo manifestaciones carismáticas, ya que fueron estas las que precipitaron la reacción de Simón, el Mago (Hechos 8.18-19). Estas manifestaciones obviamente incluían el fenómeno de la *glosolalia*. Tampoco Lucas menciona el tema de las lenguas cuando Ananías le impuso manos a Saulo y el momento en que éste fue lleno de Espíritu Santo (Hechos 9.17). Sin embargo, cuando Pablo escribe a los Corintios, les dice con contundencia, 'yo hablo en lenguas más que todos vosotros' (1 Corintios 14.18), lo que implica que también habló en lenguas cuando Ananías le impuso las manos. En virtud de lo anterior, existe suficiente evidencia escritural para defender las doctrinas de la 'subsecuencia' y la 'evidencia inicial.'

Desafió del Dispensacionalismo

Los ataques iniciales en contra de la interpretación de las experiencias pentecostales del libro de los Hechos negaban la validez de experiencia glosolálica en la iglesia de aquel entonces. Desde sus trincheras fundamentalistas y dispensacionalistas, los críticos del pentecostalismo aseguraban que la experiencia de las lenguas fue restringida solamente para la edad apostólica. Eso sugería que lo que los pentecostales definían como la experiencia de la 'lluvia tardía' no era más que una aberración.

Ahora bien, lo más irónico de todo ese proceso histórico, es que muchos pentecostales eventualmente adoptaron la posición dispensacionalista de la interpretación de la Escritura. Al respecto, Gerald T. Sheppard sugirió que la motivación que llevó a los pentecostales a adoptar la interpretación del dispensacionalismo tuvo la intención de 'lograr la aceptación y la legitimación por parte del movimiento dispensacionalista fundamentalista' de aquella época.[1] Sin embargo, la verdadera razón para tal adopción más bien pareciera tener relación con la identidad misma del movimiento pentecostal. Desde el mismo principio, el movimiento se auto identificó como una comunidad escatológica.[2] Los pentecostales insisten en que estos son los últimos días según lo predicado por Pedro el día de pentecostés (Hechos

---

[1] Gerald T. Sheppard, 'Pentecostals and the Hermeneutics of Dispensationalism: The Anatomy of an uneasy Relationship', *Pneuma: The Journal of the Society for Pentecostal Studies* 6.2 (1984), pp. 5-34 (5).

[2] Amos Yong, *The Spirit Poured Out on All Flesh: Pentecostalism and the Possibility of Global Theology* (Grand Rapids, MI: Baker Academic, 2005), pp. 17-29.

2.19). Ellos se refieren a esta experiencia de 'lluvia tardía' del Espíritu Santo como la preparación de la iglesia para la *parusia*. También se refieren al bautismo con el Espíritu Santo como la fuente de poder que capacita a los creyentes para la obra misionera de recoger la última cosecha, antes del fin.[3] Esa es la razón por la que estos tienen tanto interés en la escatología y, por consiguiente, el dispensacionalismo el cual les proveyó un sistema comprensible y lógico, muy afín a su expectación escatológica.

Lo que atrajo a los pentecostales hacia el dispensacionalismo fue esa 'habilidad' para clarificar misterios escatológicos. Sin embargo, el dispensacionalismo no es una simple construcción teológica. Es un sistema que posee su propio modelo hermenéutico con presuposiciones interpretativas especificas que sustentan su definición teológica. Este sistema afirma que cada dispensación tuvo su propia revelación y la misma quedó confinada a esa época. Por lo tanto, la revelación dada a una dispensación no tiene nada que ver con ninguna de las demás, sean estas anteriores o posteriores. Lo revelado a una época nunca fue ofrecido antes ni tampoco lo será después.

Además de sus implicaciones escatológicas, el dispensacionalismo también ofrece un profundo contenido eclesiológico. Ahora bien, los intérpretes pentecostales ponen en apuros a los dispensacionalistas cuando los obligan a explicar por qué entonces el apóstol Pedro cita la profecía de Joel en Hechos 2, si esta ya no puede ser consistentemente aplicada a la iglesia. Al no poder los dispensacionalistas explicar esta relación, esto mismo justifica la posición pentecostal de que la experiencia carismática de los apóstoles verdaderamente pertenece a un período interdispensacional. Todas las manifestaciones carismáticas que acompañan al derramamiento del Espíritu Santo no pueden ser limitadas a la época neotestamentaria solamente. Por consiguiente, la 'lluvia tardía' del Espíritu Santo abre las puertas a una vida plena en el Espíritu que le permite a la iglesia no solo recibir la iluminación espiritual para entender la Palabra, sino también ejercer los dones del Espíritu Santo, como señales siguiendo a los creyentes en la proclamación del evangelio y como fuente de poder en el ejercicio del sacerdocio de todos los santos.

---

[3] Peter Althouse, *Spirit of the Last Days: Pentecostal Eschatology in Conversation with Jürgen Moltmann* (London, UK: A&C Black, 2003), pp. 12-23.

No obstante, los intérpretes pentecostales han tenido dificultades en separar las implicaciones escatológicas del sistema eclesiológico del dispensacionalismo. El problema se agudiza cuando por un lado ellos afirman la posición escatológica del dispensacionalismo, pero luego niegan las implicaciones eclesiológicas del mismo. Para resolver el problema han asumido por lo menos dos posiciones, claramente observables en recientes publicaciones. Por un lado, algunos pentecostales han decidido abrazar más consistentemente la posición dispensacionalista. 'Ciertas corrientes pentecostales al tratar de abrazar una escatología dispensacionalista más consistente, han adoptado una posición eclesiológica dispensacional que ha desafiado seriamente algunas de las doctrinas básicas del pentecostalismo'.[4]

Pero, por otro lado, un movimiento pentecostal mucho más sólido ha entendido claramente que el problema irreconciliable con el dispensacionalismo solo se puede resolver rompiendo totalmente con la hermenéutica dispensacionalista. Para que estos puedan ser consistentes con su eclesiología y su escatología han tenido que rechazar todo lo relacionado al esquema dispensacionalista de interpretación del texto. Es más, esos eruditos pentecostales han reevaluado su posición escatológica con respecto a la nación de Israel, convenientemente separada de la iglesia por el dispensacionalismo. Además, para ser más consistentes, los seminarios teológicos de las denominaciones pentecostales clásicas han roto totalmente con la teoría dispensacionalista, ofreciendo en vez de ella, una posición consistente con la doctrina pentecostal pneumatológica.

El Desafío más Reciente

El fundamento pentecostal basado en la narrativa del libro los Hechos también ha sido desafiado significativamente por un par de eruditos, Clark Pinnock y Grant Osborne. Ambos han señalado que el contenido de los Hechos es solamente un registro descriptivo de la vida de la iglesia primitiva. En su discusión, ambos rechazan abiertamente al dispensacionalismo, y establecen que el fenómeno de la glosolalia sí puede ser experimentado por la iglesia, hoy.[5] Pero, por otro

---

[4] Sheppard, 'Pentecostals and the Hermeneutics of Dispensationalism', pp. 5-33 (24).

[5] Carl H. Pinnock y Robert Osborne, 'A True Proposal for the Tongues Controversy', *Christianity Today* 16 (1971), pp. 6-9.

lado, ambos niegan que Lucas haya intentado escribir teología, o algo que vaya más allá del simple deseo de preservar los eventos históricos de la vida apostólica del principio. Ambos autores no encontraron suficientes bases para justificar la narrativa de los Hechos como fundamento para la doctrina de la 'evidencia inicial.' En su opinión, es irracional establecer doctrina sobre un texto cuyo objetivo no es hacer teología, ni pretende hacer ningún énfasis teológico. Mientras tanto, para los intérpretes pentecostales éste ha sido un ataque en contra del corazón de una de sus doctrinas clásicas más sobresalientes. La siguiente expresión contiene básicamente la opinión de los autores mencionados:

> En cualquier posición doctrinal, las porciones didácticas de la Escritura deben supeditarse a los pasajes con fines meramente históricos. El teólogo debería más bien movilizarse desde las enseñanzas de 1 Corintios hacia la narrativa del libro de los Hechos, y no viceversa. Cuando el intérprete sigue esta metodología, se da cuenta que la manifestación de las 'lenguas' no es de carácter 'normativo'.[6]

Con lo anterior, Pinnock y Osborne arremeten contra la doctrina de la 'evidencia inicial.' La palabra clave con que ambos introducen la discusión es, 'normativa.' Aunque estos no niegan la validez de las lenguas en la experiencia cristiana, sí se oponen al carácter 'normativo' que los pentecostales tradicionales le atribuyen a las 'lenguas,' y estas, como 'evidencia inicial' del bautismo en el Espíritu Santo. No existe, según ellos, ninguna razón para afirmar que el bautismo en el Espíritu Santo necesariamente tiene que ser evidenciado por el fenómeno de la *glosolalia* (aunque después Pinnock reconoció que la teología pentecostal es más convincente teológicamente; así lo dice Roger Stronstad, en el prefacio del libro, *La Teología Carismática de Lucas*.[7]

Ese argumento de Pinnock y Osborne no pasó desapercibido en los círculos pentecostales. Es más, algunos teólogos, como Gordon Fee, por ejemplo, han asumido esta misma posición, argumentando que el antecedente bíblico—en este caso, la narrativa de los Hechos—no sirve para revelar 'patrones repetitivos' para la experiencia

---

[6] Pinnock and Osborne, 'A True Proposal for the Tongues Controversy', p. 8.

[7] Roger Stronstad, *The Charismatic Theology of St. Luke* (Peabody, MA: Hendrickson, 1984), pp. 3-4.

cristiana.[8] Con el argumento anterior, Fee pone en duda la doctrina Pentecostal clásica del bautismo en el Espíritu Santo, subsecuente a la conversión, y la doctrina de las 'lenguas,' como 'evidencia inicial' de dicha experiencia. Su posición se basa en su discusión sobre el intento teológico de Lucas al escribir el libro de los Hechos.[9] Sobre ésto último Fee dice que,

> La tarea del intérprete es descubrir el intento del autor. Una cosa es que el historiador utilice un evento histórico para probar su tesis, pero otra muy diferente es cuando el erudito toma el evento histórico para utilizar su valor didáctico objetivamente. Por consiguiente, ese valor didáctico del texto no necesariamente debe concordar con la posición teológica del intérprete. Para que el evento histórico tenga valor 'normativo,' será necesario observarlo en el intento del escritor bíblico. Es decir, si el intento del autor a través de la narrativa es establecer un precedente, entonces ese precedente tendría que ser aceptado como 'normativo.'[10]

Luego entonces, según Fee, el intérprete que defiende la doctrina de la 'subsecuencia' tiene un doble desafío. Primero, probar que Lucas en verdad estableció una base teológica para la mencionada doctrina. Una vez que esta intención ha sido demostrada, el siguiente desafío es probar que Lucas también intentó afirmar que el bautismo en el Espíritu Santo es una experiencia que ocurre después de la salvación, y, además, que el hablar en lenguas es la evidencia inicial de esa experiencia. Por lo tanto, el carácter de 'normativo' sólo se podrá probar según la intención del autor—luego entonces la intencionalidad del autor es la clave.

Respuesta Pentecostal

Las primeras respuestas a este último desafío se encuentran en el paradigma propuesto por Pinnock y Osborne. Estos eruditos pentecostales ofrecen una articulación bastante sofisticada con respecto a la narrativa del libro de los Hechos; aunque Roger Stronstad asegura

---

[8] Gordon D. Fee, *New Testament Exegesis: A Handbook for Students and Pastors* (Peabody, MA: Hendrickson, 1983), pp. 110-22.

[9] Fee, *New Testament Exegesis*, pp. 110-14.

[10] Fee, Gordon y Douglas Stuart, *How to Read the Bible for All Its Worth* (Grand Rapids, MI: Zondervan, 1982), p. 97.

que estos ya han aceptado que sí 'existe una verdadera distinción entre la historia y la *didaché* del Nuevo Testamento'.[11]

Sin embargo, Stronstad asegura que la distinción entre la historia del texto y la *didaché* del mismo, que hacen los opositores a las doctrinas de la 'subsecuencia' y de la 'evidencia inicial,' es contraria al espíritu del texto mismo. Por ejemplo, Pablo escribe que las experiencias del pueblo de Israel en el desierto 'fueron escritas para (nuestra instrucción) amonestarnos a nosotros' (1 Corintios 10.11). Claramente, Pablo utilizó todo el Antiguo Testamento para establecer sus doctrinas y no solamente los pasajes con contenido didáctico (*didaché*). Es más, éste no hace ninguna distinción entre aquellas Escrituras que sirven para establecer doctrina y aquellas que son solamente narrativas históricas. Por ejemplo, en Gálatas 4, Pablo hace referencia a la narrativa de Hagar y Sara para establecer la diferencia entre la obediencia por medio de la esclavitud de la ley y el poder liberador del evangelio.

También en Romanos 15.4, éste explica su posición con respecto a las Escrituras: 'porque las cosas que se han escrito antes, para nuestra enseñanza se escribieron, a fin de que, por la paciencia y la consolación de las Escrituras, tengamos esperanza.' De la misma manera escribe en 2 Timoteo 3.16-17, que 'Toda la Escritura es inspirada por Dios, y útil para enseñar, para redargüir, para corregir, para instruir en justicia, a fin de que el hombre de Dios sea perfecto, enteramente preparado para toda buena obra.' No cabe la menor duda que Pablo está hablando con el Antiguo Testamento en mente, y que su método hermenéutico es igualmente válido cuando hace referencia a sus escritos que son parte del Nuevo Testamento. Por lo tanto, en el Nuevo Testamento no se encuentra ninguna distinción rígida entre la historiografía y la enseñanza, que algunos evangélicos han utilizado para contradecir el contenido didáctico del libro de los Hechos.

Así que, tomando en cuenta todo lo anterior, Stronstad observa que, 'si para Pablo las narrativas del Antiguo Testamento tienen un profundo contenido didáctico, cuanto más para Lucas. Lucas también siguió cuidadosamente el modelo narrativo del Antiguo Testamento y puso todo su interés en registrar sus tratados de tal manera que sirvieran para expandir la fe cristiana con una didáctica significativa'.[12]

---

[11] Stronstad, *The Charismatic Theology of St. Luke*, pp. 3-4.
[12] Stronstad, *The Charismatic Theology of St. Luke*, p. 7.

Está muy claro que Lucas escribe con la intención y con la mente de un teólogo. A diferencia de Pablo, Lucas construye su teología arreglando y acomodando intencionalmente aquellos eventos históricos que son los que le dan la importancia singular al libro de los Hechos. Lucas verdaderamente escribió un tratado sobre teología pentecostal. Una teología comunicada a través de la obra carismática del Espíritu Santo por medio y a través de los apóstoles del Nuevo Testamento. Por lo tanto, la práctica pentecostal de hacer teología e interpretar la Palabra según la perspectiva lucana es perfectamente legítima. Además, aquella dicotomía entre la historia y la *didaché*, propuesta ilegítimamente por los detractores de las doctrinas pentecostales, más bien motiva al intérprete a observar el texto de Lucas a través de la hermenéutica de Pablo. Así, de esa manera, la hermenéutica pneumática permanece firme y sólida.

Ahora bien, la interpretación de las narrativas de Lucas amerita mayor consideración. No solo basta con demostrar que Lucas tenía un propósito teológico en la redacción del texto, es necesario demostrar también que la interpretación del libro de los Hechos coincide con ese propósito teológico. De nuevo, el énfasis hermenéutico se ubica claramente en la intencionalidad del autor.

Acá también es importante notar que el intérprete inevitablemente tendrá que enfrentar el problema sobre cómo comunicar la instrucción del libro de los Hechos en los mismos términos utilizados por Lucas. Para ello, estos tendrán que evitar la imposición de la teología de Pablo sobre el texto de Lucas, elementos que algunos tratan de forzar en el proceso. También deberán evitar que el texto lucano sea interpretado según la analogía de la fe propuesta en la teología de Pablo. Sobre esto ultimo James D.G. Dunn ha dicho que muchos intérpretes cometen 'el error de tratar al Nuevo Testamento (y aun a toda la Biblia) como una unidad homogénea, obligando a la Escritura a apoyar ciertas posiciones doctrinales, aun cuando estas claramente están ubicadas dentro del contexto extra bíblico'.[13] Para evitar este error, el intérprete debe esforzarse por investigar cuidadosamente el contexto y los elementos particulares que ocuparon la atención del autor cuando escribió. En otras palabras, para el erudito no será suficiente recitar las cinco narrativas que comprueban las doctrinas

---

[13] James, D.G. Dunn, 'Spirit-Baptism and Pentecostalism', *Scottish Journal of Theology* 23.4 (1970), pp. 397-407.

Pentecostales en el libro de los Hechos. Más bien, estos eventos se entienden mejor, cuando se estudian en el contexto de los sermones y eventos carismáticos registrados por Lucas. Es por eso por lo que, el intérprete de Lucas debe estudiar sistemáticamente todas las narrativas del libro de los Hechos.

Una vez que el intérprete reconoce las posiciones teológicas que Lucas establece en el libro de los Hechos, el siguiente paso es comprobar el intento teológico de éste; es decir, que Lucas, deliberadamente, intentó escribir teología en sus narrativas. Para el intérprete pentecostal es imperativo que la teología de Lucas no sea distorsionada. Por ejemplo, esta ha sido la gran falla del dispensacionalismo, al imponer sus propias presuposiciones eclesiológicas sobre la teología lucana. Otro erudito que le ha negado el carácter homogéneo a la teología de Lucas es James Dunn. Este distorsiona las conclusiones de Lucas, negándoles la posibilidad de ser experimentadas más allá de la época del Nuevo Testamento, a pesar de su unidad literaria evidente y de su comprobación histórica en la comunidad de fe.[14] Dunn adopta un sistema interpretativo que manifiesta una homilética casi simétrica, pero tal como sucede en muchos sermones, se concentra en subordinar la sustancia a una forma puramente retórica de la interpretación del texto.[15]

Por su parte, Stronstad ofrece una teología que permanece fiel al texto de Lucas en el libro de los Hechos y al mismo tiempo confirma la doctrina pentecostal. Este observa el énfasis de los dones carismáticos del Espíritu Santo a través de toda la narrativa. Dones que son presentados por su naturaleza, como generadores de poder, proféticos y experienciables.[16] Con ello, Stronstad establece un marco teológico completo derivado de toda la documentación de Lucas y, al mismo tiempo, ofrece un modelo de interpretación que permite estudiar el libro de los Hechos y entender la teología lucana claramente. Esta última contribución le da un empuje erudito muy serio a la hermenéutica pneumática.

---

[14] Dunn, 'Spirit-Baptism and Pentecostalism', p. 407.
[15] Ervin, *Conversion-Initiation and the Baptism in the Holy Spirit*, 18.
[16] Stronstad, *The Charismatic Theology of St. Luke*, p. 4.

PARA DISCUSIÓN Y ESTUDIO

1. ¿Cuál es el rol de la narrativa histórica en la hermenéutica pneumática?

2. ¿Qué elementos del dispensacionalismo atrajeron a los primeros intérpretes pentecostales?

3. ¿Cómo es que el pentecostalismo clásico se separó de las doctrinas dispensacionalistas y estableció su propia metodología para la interpretación del texto?

4. ¿Cuál es la posición hermenéutica de aquellos que niegan la doctrina de la 'evidencia inicial'?

5. ¿Cómo se explica que Lucas verdaderamente tenía un propósito teológico en la redacción del texto?

6. ¿Qué rol ocupan las narrativas de Lucas en la formación de la hermenéutica pneumática?

15

La Interpretación Pentecostal en el Futuro

Las posibilidades para enriquecer el sistema hermenéutico pentecostal en el futuro son promisorias. Sin embargo, el intérprete tendrá que ser muy cuidadoso en escoger el método que sea más fiel a la centralidad de la Palabra y que le permita entender mejor el significado del texto. Para preservar ese balance el erudito pentecostal deberá estar dispuesto a manejar las tensiones hermenéuticas naturales originadas en el proceso mismo de la interpretación.

Un elemento, que hay que manejar con mucho cuidado, es la diversidad teológica que se encuentra presente en el trasfondo carismático. La dificultad se presenta en la definición hermenéutica y en la selección de un método de interpretación que sean comunes a todos los que reciben la experiencia pentecostal.[1] Por ejemplo, todos los carismáticos arriban a la experiencia pentecostal trayendo con ellos sus propios métodos de interpretación que aprendieron en sus tradiciones eclesiales. Es prácticamente imposible juntar hermenéuticamente a carismáticos Metodistas con los de origen Bautista o Católicos. Cada uno al ser expuesto o recibir la experiencia pentecostal, por lo general asumen la tendencia de explicar la experiencia pentecostal según sus propias conclusiones de acuerdo con el trasfondo teológico del que vienen o al que pertenecen. De esa manera, resulta imposible referirse a una hermenéutica o método de interpretación, que sean comunes entre los carismáticos. Esto último hace que la

---

[1] Hans Kung y Jurgen Moltmann (eds.), *Conflicts About the Holy Spirit* (New York, NY: Harper & Row, 1979), pp. 67-72.

hermenéutica y el método de interpretación del pentecostalismo clásico, sirvan como elementos unificadores en una comunidad del Espíritu diversa y esparcida globalmente.

Herramientas Hermenéuticas

Un buen intérprete sabe reconocer apropiada y cuidadosamente los elementos divinos y humanos que coexisten en las Escrituras. Para evitar caer en extremos, el erudito debe reconocer que estos dos elementos (divino y humano) inherentes a la naturaleza de la Escritura, siempre estarán en tensión permanente durante el proceso de interpretación. Por otro lado, el intérprete debe acercarse a la Palabra con reverencia; no debe perder de vista el origen divino de la Biblia y estar dispuesto a depender del Espíritu Santo para entenderla correctamente. Al mismo tiempo, debe echar mano a las herramientas críticas que le permitirán evaluar objetivamente la Escritura.

Entre los instrumentos de ayuda para una exégesis objetiva, se encuentran reconocidas disciplinas, tales como la crítica a la redacción, la forma, la gramática, la historia, el contexto y la narrativa. Dichas herramientas ofrecen mucha ayuda en el proceso de interpretación y no deben ser ignoradas por el exégeta bíblico. Si esos elementos mencionados ayudan a mantener una actitud correcta con respecto a la tensión entre las naturalezas divina y humana, entonces estos deben ser utilizados efectivamente, sin denigrar el texto, ni sacrificar el valor histórico de la Escritura. Un estudio inductivo de interpretación podría ayudar a enfrentar los desafíos hermenéuticos que confrontan al movimiento pentecostal en el siglo XXI. Dicho estudio comienza con la organización de datos que se encuentran en la Escritura; y una vez que tales datos son tratados correctamente, estos ofrecen un reconocimiento sano sobre la diversidad contenida en la Biblia. Estas herramientas también motivan al análisis de la fe, inherente a la Escritura, la cual genera un entendimiento sano de la verdad.

Un Modelo Pneumático

Durante el concilio de Jerusalén, los creyentes se reunieron bajo la dirección del Espíritu Santo, para resolver un asunto teológico muy fundamental. El tema era—la salvación por medio de las obras de la ley o, por la fe solamente. Ese mismo compromiso con la Palabra de

Dios, motivó a los creyentes, en1906, durante la primera Asamblea General de la Iglesia de Dios, a estudiar la Palabra, en el Espíritu, con la mente claramente puesta en la narrativa del concilio de Jerusalén registrada en el libro de los Hechos capitulo 15. Fue durante dicha asamblea que, los allí reunidos, resolvieron lo siguiente:

Estando todos reunidos, en armonía, nos pareció bien al Espíritu Santo y a nosotros, después de mucha oración, discusión y búsqueda del consejo de la Palabra, recomendar las cosas necesarias para que sean observadas por todas las iglesias locales. (*Acta de la Asamblea Anual de las iglesias del Este de Tennessee, el Norte de Georgia el Oeste de Carolina del Norte,* realizada los días 26 y 27 de Enero de 1906, en el Campo Creek, Carolina del Norte, p.18).

Es muy claro que el capítulo 15 del libro de los Hechos, sirvió como modelo para que aquellos pentecostales de los primeros años del siglo XX, establecieran un método de interpretación que incluyera tres elementos básicos en la hermenéutica pneumática: (1) El Espíritu Santo, (2) la Palabra de Dios y (3) la Comunidad de Fe. Hechos 16 describe una verdadera reunión pentecostal, donde se registra que la decisión del concilio fue una respuesta corporal a la dirección del Espíritu Santo. Como resultado, Santiago pudo declarar con solvencia, 'nos ha parecido bien al Espíritu Santo y a nosotros' (v. 28). Los creyentes de Jerusalén tenían certeza de la guianza y la autoridad del Espíritu Santo. Esto mismo es lo que determina la actividad central del Espíritu en la tarea hermenéutica y en toda la vida de la iglesia en general.

Además, durante esa reunión del concilio, se apeló a las Escrituras, la experiencia, la tradición y la razón. Santiago dijo con plena certidumbre, que la Escritura concordaba con el argumento de Pedro y que todos los profetas, particularmente Amós, incluían a los gentiles en la familia de la iglesia, según el propósito eterno de Dios (vv. 14-18. cf. Amos 9.11-12). Por su Pablo y Bernabé contaron su experiencia misionera en la predicación del evangelio entre los gentiles (v.12). Pedro le recordó al concilio sobre su llamado personal de predicarle a los gentiles, particularmente lo acontecido durante su visita a la casa de Cornelio y sus amigos (vv. 7-11).

Pero también es bueno señalar acá, que Santiago igualmente apeló e hizo uso de la tradición cuando le pidió a los gentiles que observaran por lo menos aquellas cuatro prohibiciones basadas en la ley (Hch. 15.20-21; cf. Lev. 17.8, 10-12, 13; 18.6-23). También Pedro agregó, que los gentiles deberían ser aceptados en el seno de la iglesia, debido la santificación por la fe y el derramamiento del Espíritu Santo que ellos habían estado experimentado (Hch. 15.8-11). De igual manera, Santiago volvió a argumentar con base en la ley y la tradición, que a los gentiles no se les requiriera la práctica de la circuncisión (Hch. 15.13-21). Obviamente, fue bajo la dirección del Espíritu Santo que el concilio estuvo en común acuerdo y tuvo un final positivo para la iglesia.

Las Emociones en la Hermenéutica Pneumática

Aquí es necesario establecer, que la hermenéutica pneumática está fundamentada sobre la interrelación que se produce entre la Escritura, la experiencia, el testimonio de la iglesia y la razón; todas estas bajo la dirección y la guianza sabia y soberana del Espíritu Santo. Luego, entonces, la hermenéutica pneumática surge de la comunión y la plenitud de una vida sometida a la dirección del Espíritu Santo; y éste, se relaciona con la iglesia a través de los dones que él concede a los creyentes según su soberana voluntad (1 Corintios 12, 14; Romanos 8.1-21; 12, Efesios 4). Escribiendo sobre este tema, Rick D. Moore afirma que,

> En la hermenéutica pneumática también existe un lugar vital para las emociones y para la razón; así mismo, para la imaginación, la lógica, el misterio y todo aquello que conduce a la revelación de la verdad. De igual manera, hay lugar para la belleza literaria, el drama y todo aquello que es fundacional y sistemático. Por eso es por lo que nosotros estimamos a las Escrituras no solamente como un objeto de estudio, sino también como la Palabra viviente que nos interpreta y a través de la cual, el Espíritu fluye en nosotros en formas difíciles de entender, explicar, calcular y programar.[2]

Algunos han caracterizado al movimiento pentecostal como una fe basada solamente en la 'experiencia.' 'Sin embargo, estos observan una inseparable interrelación entre el conocimiento y la experiencia de la vida en el Espíritu. El creyente observa una perpetua

---

[2] Rick D. Moore, 'Pentecostal Approach to Scripture', *The Seminary Viewpoint* 8 (1987), pp. 1-2.

continuidad entre el conocimiento de Dios y la experiencia de una relación personal con éste'.[3] De manera que, en el proceso de interpretación, esta relación es fundamental. Tal posición es bíblica y 'va más allá de la conceptualización abstracta de un objeto, se dirige hacia la práctica tangible de una relación personal con éste'[4] (cf. Jeremías 1.15; 22.16; 31.34; 1 Juan 4.8). Por lo tanto, el discurso pentecostal involucra no solamente el reconocimiento de la verdad, sino también la respuesta del sujeto hacia el desafío transformador de la Palabra de Dios.[5] Este elemento ha sido básico y debe continuar siendo fundamental en la hermenéutica pneumática.

El Espíritu Santo llama a cada creyente a ser testigo del evangelio (Hechos 1.8). En las raíces mismas de la herencia pentecostal se ha observado la práctica del sacerdocio de todos los santos (1 Pedro 2.5, 9) y el papel profético de estos (Números 11.27-29; Joel 2.28-32; Hechos 2.16-20). Esa convicción, de que todos los creyentes deben participar en el sacerdocio y el papel profético de todos los santos, ofrece una dimensión diferente a la iglesia que experimenta la llenura del Espíritu Santo, el cual se derrama 'sobre toda carne' (Hechos 2.17). La participación activa de los pentecostales en su comunidad de fe, es vital, especialmente, para la edificación personal y para la evangelización de los perdidos. Es más, la fe pentecostal tuvo su origen en la reunión armónica de todos los creyentes (Hechos 2.1-4). Dicha fe continúa nutriéndose y sosteniéndose por medio de la comunión entre todos los santos (Hechos 4.42-47); y es de esa manera, como el Espíritu Santo manifiesta sus dones.

Además, la comunión entre los miembros del cuerpo de Cristo provee la unidad y el amor necesarios para una vida de interdependencia y sumisión espiritual. También, provee el contexto idóneo para la práctica de los distintivos pentecostales, el estudio de la Palabra y el entendimiento profundo de la presencia de Dios. Todos estos elementos contribuyen con el desarrollo de la iglesia, de manera que esta mantenga viva la llama del Espíritu Santo en el contexto donde ministra (1 Tesalonicenses 5.19).

---

[3] Moore, 'Pentecostal Approach to Scripture', pp. 1-2.
[4] Moore, 'Pentecostal Approach to Scripture', p. 2.
[5] Ray H. Hughes (ed.), *Understanding the Holy Spirit* (Cleveland, TN: Pathway press, 1982), p. 23.

PARA DISCUSIÓN Y ESTUDIO

1. ¿Cómo maneja el método pneumático la diversidad teológica y doctrinal del movimiento carismático y post-denominacional?

2. ¿Cuáles son las herramientas hermenéuticas que utiliza el intérprete pentecostal para evitar caer en extremos?

3. Explique el método hermenéutico utilizado por el concilio de Jerusalén, según lo narra Lucas en el capítulo 15 del libro de los Hechos.

4. ¿Cuál es el rol de las emociones en la hermenéutica pneumática?

5. ¿Cómo es que la interpretación pentecostal involucra el reconocimiento de la verdad y la respuesta del creyente hacia el desafío transformador de la Palabra?

16

Una Perspectiva Metodológica más Amplia

Tradicionalmente, los latinos han enfrentado a la Escritura ya sea a través de los métodos utilizados por la Iglesia Católica, o por los métodos históricamente enseñados por los evangélicos y pentecostales clásicos.[1] Por razones de espacio, acá no discutiremos los métodos hermenéuticos históricos tradicionales, más bien nos ocuparemos en describir aquellos elementos que forman parte de una metodología que es observable entre la nueva generación evangélica y Pentecostal latina. Esos elementos forman parte de lo que hemos decidido llamar 'un método de interpretación integrador'.

A continuación, ofrecemos los elementos más destacables que forman parte de este método integrador y que son concomitantes con la conducta, la enseñanza y la predicación de la comunidad latinoamericana, en general.

Este método de interpretación integrador ha sido detallado en el libro, *El Rostro Hispano de Jesús*, y yo lo he llamado 'método de interpretación integrador'. A este hay que entenderlo como aquel proceso de interpretación que (1) integra sistemáticamente las funciones particulares de la revelación escrita de la Palabra de Dios. (2) Incluye también la acción participativa del Espíritu Santo en cuanto al entendimiento, iluminación y decisiones sabias que concuerdan con la

---

[1] Un autor que hace referencia a las diferencias de interpretación de la Escritura entre católicos y protestantes es Juan Driver, *La Fe en la Periferia. Una Historia del Pueblo Cristiano desde la Perspectiva de los Movimientos de Restauración y Reforma Radical* (Guatemala, Guatemala: Ediciones Semilla, 1997).

Escritura. (3) El intérprete estudia el testimonio de la historia y la influencia de la tradición en la interpretación del texto bíblico. Por último, (4) El intérprete se somete a la autoridad espiritual de la comunidad de fe, cuya función es cuidar que toda interpretación o acción derivada de ésta no contradiga o niegue la verdad y eficacia de la Escritura.[2] La integración de estos cuatro elementos confirman la legitimidad de una interpretación que es completa y accesible para una comunidad diversa, como la latinoamericana.

En este método se integran la actividad divina y la humana.[3] Por ejemplo, toda interpretación para ser aceptada o confirmada debe pasar por este proceso de examen riguroso, el cual ineludiblemente legitimará o invalidará la interpretación que se haya hecho al texto. Así que cuando estos elementos, la Palabra Dios, el Espíritu Santo, la historia y la tradición, más la autoridad de la comunidad de fe se integran dinámicamente, no hay lugar para el error.[4] Además, los intérpretes pueden disentir en cuestiones de estrategia, énfasis y aún en la implementación de la revelación. Pero en lo que se refiere a la jerarquía de la Escritura, esta es suprema y está por sobre todas las demás cosas. Luego entonces, la revelación del Espíritu Santo confirma a la Escritura, los precedentes de la historia y de la tradición legitimizan el impacto histórico de ésta; y la autoridad espiritual, más el juicio de la comunidad de fe aprueba o desaprueba la aplicación práctica de la interpretación.

La Interpretación Bíblica

Un siglo después de su origen, se abre paso dentro del movimiento pentecostal, un tiempo nuevo para la disciplina de la exégesis y la interpretación del texto bíblico. Los pentecostales se han dedicado,

---

[2] Esta información es más ampliamente discutida en mi artículo, Miguel Alvarez, 'Hacia Una Hermenéutica Esperanzadora', en Raúl Zaldívar, Miguel Álvarez y David E. Ramírez, *El Rostro Hispano de Jesús: Un Modelo Contextual Innovador* (Barcelona, España: Editorial CLIE, 2014), pp. 99-169.

[3] La discusión de la integración entre lo humano y lo divino fue ampliamente discutido por Juan Calvino. Ver, por ejemplo, el análisis de Summer, Darren, 'Calvin on Jesus' Divine-Human Activity,' *Out of Bounds. Theology in the Far Country.* http://theologyoutofbounds.wordpress.com/2012/04/24/calvin-on-jesus-divine-human-activity/ Accesado 11 Junio 2014.

[4] Kevin L. Spawn y Archie T. Wright, *Exploring a Pneumatic Hermeneutics* (Bloomsburry, UK: T&T Clark, 2012). Este libro considera el tratamiento académico de la interpretación bíblica realizado por el movimiento Pentecostal clásico.

además del ministerio, a escudriñar las ciencias bíblicas, que incluyen la historia de la Palabra y los géneros literarios encontrados en la misma.

Mucha atención se le da al uso de los métodos histórico-críticos, sobre todo para el estudio del Nuevo Testamento. En primer lugar, para el pentecostalismo, es importante el uso del método de la historia de las formas a fin de confrontar todo prejuicio que niegue lo sobrenatural, particularmente en el tiempo presente. Esto se notaba más al inicio cuando el discurso y el pensamiento teológico pentecostales tenían un alto contenido apologético cuyo objetivo era defender la Biblia y su inerrancia en la vida práctica de la comunidad de fe.

El segundo elemento es más doctrinal y eclesiológico. Dios habla por medio de hombres, por eso conviene investigar lo que estos dijeron para conocer lo que Dios quiere comunicar a fin de edificar a la iglesia. El tercer esquema, tiene muchas novedades; por ejemplo, el carácter divino–humano de la Escritura y la importancia de conocer la intención de los autores bíblicos. El cuarto esquema corrige algunas expresiones, por ejemplo, se cambia la alusión a la verdad por 'lo que Dios quiere comunicar;' y se añade la lectura del texto 'en el Espíritu.' Dentro de los parámetros del método pneumático para la interpretación de la Biblia como la Palabra de Dios en lenguaje humano hay que tener presentes otros aspectos.

Naturaleza Divina y Humana de la Escritura

Lo primero que el intérprete mantiene en mente es que la Biblia es palabra humana y Palabra de Dios en manera indisoluble. No se puede aceptar el estudio de la Biblia como un libro meramente humano sin tomar en cuenta el elemento divino que está contenido en ella, lo cual la convierte en la misma Palabra de Dios. Este es el resultado de la inspiración y de la actitud de fe con que se accede a la Escritura. Por ello se recurre a todos los auxilios de la crítica para lograr una adecuada interpretación. No es posible acceder a la Palabra escrita de Dios sino a través de la palabra humana de la Biblia. Así como en Cristo ambas naturalezas, la humana y la divina se conjuntan en un armonía perfecta, de igual manera en la Escritura se conjuntan esas dos naturalezas, dándole lugar a una armonía viva y eficaz.

La Palabra de Dios

Entendida ésta como la revelación de Dios al género humano. Dios se comunica con el hombre a través de Escritura, la cual es inspirada y revelada por el Espíritu Santo.[5] La Palabra de Dios tiene una naturaleza divina y una humana. Es divinamente inspirada por Dios a través de seres humanos sujetos a las limitaciones humanas.[6] De esa manera el Dios omnipotente hace su incursión en la historia humana y se revela como una Escritura de origen divino documentada por hombres, que no eran robots recibiendo un dictado de Dios, sino personas que escribían a situaciones particulares sobre cuestiones humanas específicas, pero que, al hacerlo, documentaban la Palabra de Dios.

La unidad entre Jesucristo y la Palabra es un misterio entendido por la acción reveladora del Espíritu Santo. La Palabra se hizo humana al encarnarse en Jesús. De esa manera, la Palabra es divina y es humana, y su función es integral. En Hebreos 4.12, hay una explicación total de la acción de la Palabra, 'la Palabra de Dios es viva y eficaz, y más cortante que toda espada de dos filos; y penetra hasta partir el alma y el espíritu, las coyunturas y los tuétanos, y discierne los pensamientos y las intenciones del corazón.'

Jesucristo es el origen y el cumplimiento de la Palabra. En la persona de Jesucristo se encarna la plenitud de la deidad en una naturaleza humana sujeta a las limitaciones del mundo humano.

Así como en Cristo Jesús se juntan ambas naturalezas la divina y la humana, de igual manera en la Escritura se juntan las dos naturalezas. Porque así es como Dios se hace accesible a la humanidad y puede ser entendido en su propósito y su misión para la humanidad.[7] Debido que la Escritura es divina y es humana, al mismo tiempo, eso facilita la comunicación entre Dios y el individuo. En la persona de

---

[5] Carlos Tomás Knott, *Libro Divino, Amada Palabra* (Tarrassa, España: Editorial CLIE, 1997), p. 70. El autor enfatiza que cuando la Palabra es iluminada, el Espíritu Santo capacita al lector para comprender lo que fue revelado e inspirado, para creer y obedecerle a Dios.

[6] Knott, *Libro Divino*, p. 62.

[7] Es muy significativo que este tema aún no haya sido académicamente discutido a profundidad en los círculos evangélicos y pentecostales hispanos. Curiosamente uno de los más cercanos en español, se encuentra en la literatura teológica Católica. Tal es el caso de la obra de Ignacio Arellano, *Autos Sacramentales Completos: Estructuras Dramáticas y Alegóricas de Calderón* (Pamplona, España: Universidad de Navarra, 2001), p. 76.

Jesucristo, quien es la encarnación de la Escritura, Dios el Padre se da a conocer al hombre en su propia realidad humana. Por ejemplo, Milton Jordán Chiqua argumenta que, 'las Escrituras, al ser inspiradas, son en verdad Palabra de Dios. No obstante, su revestimiento humano, la Escritura no deja de poseer un lenguaje divino, donde el lenguaje humano envuelve la Palabra divina o, mejor dicho, es asumido como expresión del lenguaje divino. El lenguaje humano, sin dejar de serlo, ha sido asumido por Dios hasta convertirse también en divino.'[8]

Esto último, según lo describe Jordán, hace que cuando el latino se convierte asuma conclusiones afines a la idea de que no hay Palabra de Dios sin palabra humana. Dios alcanza totalmente los textos inspirados, hasta en sus menores detalles.[9] Esta es una de las razones por las que el creyente latino sacraliza y venera actividades y tradiciones, porque él entiende que en estos elementos hay actividad divina. Luego lo confirma cuando en su cristología ve a Cristo totalmente divino y humano. De igual manera, la Iglesia y la Escritura misma son totalmente divinas y humanas.

El Espíritu Santo

El Espíritu Santo es la fuente de todo conocimiento, entendimiento y sabiduría. Su objetivo hacia la humanidad es claramente revelado en la Escritura, para guiar a los seres humanos hacia su destino final en la redención ofrecida por el Padre en su Hijo Jesucristo. El Espíritu Santo revela la plenitud redentora de Cristo según lo da a conocer la Palabra. Guía al hombre a entender el evangelio y a aceptar el plan de redención de Dios por medio de la fe. El Espíritu Santo desarrolla y estimula la fe y abre el entendimiento del creyente a fin de que éste pueda conocer y entender a Dios en la persona de Jesucristo.

Con el movimiento Pentecostal, la persona y misión del Espíritu Santo logra un alcance integrador.[10] Los pentecostales recobran la

---

[8] Milton Jordán Chiqua, *Introducción General a la Sagrada Escritura* (Bogotá, Colombia: San Pablo, 2011), p. 166.

[9] Jordán Chiqua, *Introducción General a la Sagrada Escritura*, p. 166.

[10] Alexis Riaud, *La Acción del Espíritu Santo en la Almas* (Madrid, España: Ediciones Palabra, 2005), p. 163. El autor expone las nociones esenciales sobre el papel que le corresponde al Espíritu Santo en la obra de la santificación. Curiosamente mucha de la teología Neopentecostal utilizada por pastores latinos está saturada de estos conceptos Católicos sobre la misión del Espíritu Santo. En el caso particular

acción carismática del Espíritu Santo y completan el círculo integral de la misión de la Trinidad en la redención de la humanidad, donde el Padre, envía al Hijo y el Espíritu Santo revela y glorifica al Hijo, en su plenitud divina y humana, para completar la obra de la redención.[11]

La fe que entiende el plan de redención es originada por el Espíritu Santo.[12] Él es quien despierta la necesidad de Dios y quien hace que la Palabra sea accesible al entendimiento del individuo necesitado de salvación. El Espíritu Santo hace que la Escritura cobre relevancia y se vuelva realidad en situaciones y contextos determinados, toda vez que esa revelación tenga como objetivo glorificar a Cristo Jesús y confirmar la verdad de la Palabra revelada de Dios.

Naturalmente en el proceso de interpretación de la Escritura se necesita la iluminación, la dirección y la revelación del Espíritu Santo. La 'profundidad de las riquezas de la Palabra' (Romanos 11.33) puede ser accesible a la persona cuya motivación es propicia para entender las verdades de la Escritura. El Espíritu Santo convence a la persona de pecado y le guía al arrepentimiento (Juan 16.8). Por medio de la fe, éste o ésta acepta la oferta salvadora de Jesucristo y se convierte en discípulo de él para vivir su vida conforme a los valores, enseñanza y propósito de la Palabra de Dios.[13]

El Testimonio de la Historia y la Influencia de la Tradición

El valor de la historia y el testimonio de la tradición en la interpretación de la Escritura se pueden apreciar en la formación doctrinal y teológica de las comunidades cristianas a través del tiempo. Al revisar

---

de este autor, su obra apunta hacia la doctrina de la santificación, con lo cual se demuestra que no solamente el movimiento wesleyano ha influenciado al pentecostalismo latino.

[11] Véase, Elizabeth Salazar Sanzana, 'Pentecostalism in Latin America: A Look at its Current Challenges', en Hunter, Harold D. y Neil Ormerod (eds.), *The Many Faces of Pentecostalism* (Cleveland, TN: CPT Press, 2013), pp. 114-25.

[12] Lucas Butch Rodríguez, *El Papel del Espíritu Santo en la Obra Reveladora de Dios*, (Roma, Italia: Edizioni Santa Croce, 2013), p. 203. Este autor afirma que el desarrollo de la tradición 'tiene en el Espíritu Santo su principio activo primario'.

[13] Gregory J. Ogden, *Manual del Discipulado: Creciendo y Ayudando a Otros a Crecer* (Viladecavalls, España: Editorial CLIE, 2006), pp. 37-45. Aun esta obra sobre discipulado cristiano, forma parte de una colección teológica producida para Australia. Afortunadamente ha sido traducida al español, pero es significativo que este tipo de literatura no se encuentre con frecuencia en los círculos evangélicos.

los dogmas, las doctrinas y los enunciados teológicos de la iglesia, el intérprete de la Escritura llega a conocer la importancia de la tradición en la historia del pensamiento del pueblo de Dios.[14] La tradición puede tener un lado positivo y otro negativo. El aspecto positivo estimula la formación saludable que permite al creyente entender la Escritura en relación con su mundo. El lado negativo es aquel que detiene el progreso de la revelación y se queda fijado en tradiciones estáticas del pasado, que fueron relevantes a las generaciones anteriores, pero con el tiempo se volvieron irrelevantes e inútiles en las generaciones que siguieron.[15] El estudio de la tradición permite analizar lo positivo y lo negativo de las tradiciones pasadas para el beneficio de las generaciones actuales.

Este agente también toma en consideración a la metodología que ha sido usada históricamente para interpretar a las Sagradas Escrituras—el método histórico crítico, el gramático histórico, el inductivo y otros que han sido implementados particularmente en la exégesis bíblica.[16]

El método integrador recurre a los métodos mencionados para auxiliarse y comprobar la fidelidad del trato que se le da al texto bíblico. Al hacer esto, el método integrador reconoce la importancia y el valor de aquellos, en el proceso histórico de interpretar la Palabra de Dios. En lo que se refiere a la exégesis, propiamente dicha, el método integrador utiliza los servicios de los métodos tradicionales. Aunque en la interpretación que está ligada a la predicación expositiva, éste se apoya más en el método inductivo.

El impacto histórico de la Escritura en la historia humana se aprecia más en los fundamentos doctrinales y la teología que han sido desarrollados por el pueblo de Dios a través del tiempo.[17] Por ejemplo

---

[14] Juan Jesús García Morales, *La Inspiración Bíblica a la Luz del Principio Católico de la Tradición* (Roma, Italia: Gregorian & Biblical Press, 2012), pp. 173-79.

[15] Este tema es ampliamente discutido por Daniel Orlando Alvarez, *Towards a Pneumatological Hibridez: An Exploration of Mestizaje Through the Experience of Undocumented Immigration* (PhD Dissertation, Regent University, 2014), pp. 176-87.

[16] Sobre esto último, ver el libro de Bernhard Grom y José Ramón Guerrero, *El Anuncio del Dios Cristiano* (Salamanca, España: Ediciones Secretariado Trinitario, 1979), p. 161.

[17] Amerindia, *Contruyendo Puentes entre Teologías y Culturas* (Bogotá, Colombia: Casa San Pablo, 2011), p. 177. Esta obra plantea los desafíos históricos para el mundo, la iglesia y la teología en los últimos 50 años. También elabora sobre algunos procesos históricos, sociales y políticos que han tenido lugar en América Latina en años recientes.

el credo de Nicea ha servido como fundamento doctrinal de la iglesia por muchos siglos y ha permanecido inmovible como testimonio del desarrollo doctrinal de la iglesia. El estudio de las corrientes eclesiales y teológicas de la iglesia a través de la historia ayuda al intérprete a entender el fundamento doctrinal y el pensamiento histórico del cristianismo.

En la historia de la influencia de la Escritura sobre el pueblo de Dios se observa un alto contenido de verdades, dogmas, principios y símbolos que han sido archivados en la tradición.[18] Lógicamente la tradición, vista desde una perspectiva meramente humana está enmarcada dentro de un contexto diverso de acciones y decisiones tomadas en diferentes generaciones y contextos humanos y para entenderla hay que analizarla en el contexto histórico en que se dio.

En la interpretación objetiva de la Escritura es necesario estudiar la historia de la tradición y el pensamiento histórico del pueblo de Dios. Hay verdades que fueron descubiertas hace mucho tiempo y no pueden ser ignoradas por el intérprete de hoy. Los símbolos y significados encontrados en el pasado poseen un gran valor para los que buscan evidencia histórica de la fe en el pasado.[19] El equilibrio entre la interpretación histórica de la tradición y la revelación de hoy conducen a una verdad revelada saludablemente para la necesidad y la realidad contemporánea.

Acá también mencionaremos que el Pentecostalismo clásico, casi siempre ha eludido el estudio o la relación académica con la tradición.[20] Es muy probable que esa actitud se haya desarrollado como producto de la ruptura histórica del Protestantismo con la Iglesia Católica, y más tarde, como autodefensa contra la crítica por la actitud

---

[18] John Barton, *La Interpretación Bíblica Hoy* (Barcelona, España: Editorial Sal Terrae, 2001), p. 25. El autor plantea la relación entre el estudio 'crítico' de la Biblia y los enfoques 'precríticos' y 'postcríticos'. También estudia el lugar de la historia en el estudio de la Escritura; la relación entre la investigación cristiana y la judía y el reciente interés por la Biblia como literatura. Ver también la obra de Eduardo Arens, *Los Evangelios Ayer y Hoy: Una Introducción Hermenéutica* (Bogotá, Colombia: EEP, 2006), p. 205.

[19] José Saramago escribió una novela muy polémica, que hace una crítica literaria a la forma de en que tradicionalmente se asume algunos valores y creencias cristianas. Saramago no solo ganó el Premio Nóbel de Literatura con esta novela, sino que también provocó al estudio más objetivo de los valores de la tradición religiosa, especialmente de las enseñanzas Católicas históricas. Ver, José Saramago, *O Evangelho Segundo Jesus Cristo* (São Paulo, Brasil: Editora Companhia das Letras, 2005).

[20] Chan, *Pentecostal Theology and the Christian Spiritual Tradition*, p. 85.

independiente de los movimientos cristianos nuevos. Los Pentecostales tienen la tendencia a construir un puente imaginario entre ellos y la iglesia neotestamentaria. Ese puente elude o deja por alto la historia de la iglesia cristiana. Muchos siglos de historia del cristianismo quedan ignorados y no son considerados importantes para la formación de los nuevos movimientos que surgieron especialmente en el siglo XX. En cambio, el Pentecostalismo latinoamericano surge como el resultado de la conjunción entre el Catolicismo latinoamericano y los movimientos evangélicos y Pentecostales norteamericanos que evangelizaron a America Latina.

Autoridad de la Comunidad de Fe en la Interpretación de la Escritura

Este elemento hermenéutico en el método integrador está basado en el consejo sabio de la iglesia. Una interpretación saludable de la Escritura necesariamente reconocerá el valor de la autoridad espiritual en la comunidad de fe, la asamblea de creyentes o la congregación misma.[21] La iglesia tiene un orden claramente establecido y es deber de los creyentes honrar dicho orden, eso mantiene relaciones saludables y permite que todos los miembros se ubiquen en el lugar que el Espíritu Santo les ha señalado en la congregación.

Por ejemplo, en una comunidad de creyentes, los líderes de mayor experiencia (los ancianos de la iglesia), tienen la autoridad para evaluar la revelación que ha sido propuesta por un grupo o por uno de los miembros de la comunidad. La sabiduría de los ancianos establece un balance con todos los elementos propuestos anteriormente y en consenso, decide si la interpretación es correcta o no. Esto se aplica mucho a las profecías que abundan en las comunidades pentecostales, especialmente. El mandamiento de juzgar las profecías fue establecido por el Apóstol Pablo, para evitar desorden en las congregaciones (1 Corintios 14.29). El examen de la comunidad de fe es necesario para mantener el orden y la salud de la iglesia.[22]

---

[21] Sobre la autoridad espiritual de la comunidad de fe en la hermenéutica, ver la obra clásica de David Paul Henry, *The Early Development of the Hermeneutics of Karl Barth as Evidenced by His Appropriation of Romans 5:12-21* (Macon, GA: Mercer University Press, 1985), pp. 1-4.

[22] Muchos recursos académicos sobre el tema de la participación de la congregación en la interpretación del texto, se encuentran en la literatura Católica. Los intérpretes latinos suelen recurrir a ellos en el proceso se interpretación. Lo más

Al igual que Cristo Jesús y la Escritura misma, la iglesia también tiene una naturaleza divina y otra humana. Contrario a lo que enseña el dualismo, estas naturalezas son una constante en la revelación de Dios a la humanidad. Es Dios mismo quien decide irrumpir en la sociedad humana haciéndose accesible a través de la Escritura, visible en Jesucristo; además, revelado y entendido por medio del Espíritu Santo.[23] La iglesia, por lo tanto, tiene la mente del Espíritu Santo, quien le guía a toda verdad (Juan 16.13) y es capaz de decidir conforme a la mente de Cristo en cuestiones relacionadas con la interpretación y la aplicación de la Escritura, en la comunidad de fe.

La actitud y la práctica de la obediencia y sumisión a la autoridad espiritual de la comunidad de fe es indispensable en la aplicación del método integrador. El concepto de membresía cultiva la actitud de sumisión, en la que la salud del grupo o el beneficio de la congregación es capital.[24] En las comunidades latinas se enfatiza mucho la importancia de someter todo asunto al consejo de los ancianos a fin de establecer un equilibrio saludable en la vida de la congregación. Luego entonces, todo aquello que afecta al grupo o a un miembro de este es discutido por la ancianos de la iglesia, con el fin de mantener y preservar la salud de todo el cuerpo de creyentes.

Un ejemplo de la interacción dinámica en la interpretación de la Escritura con la participación de estos cuatro agentes se encuentra en el capítulo 15 del libro de los Hechos de los Apóstoles. Veamos cómo se dio esa acción en la iglesia neo-testamentaria.

---

cercano a la comunidad latina se encuentra en los textos pentecostales que han aparecido recientemente en Norteamérica. Véase Patrick R. Keifert, *Testing the Spirits: How Theology Informs the Study of Congregations* (Grand Rapids, MI: Eerdmans, 2009), p. 114.

[23] Aparicio Valls, María del Carmen, *La Plenitud del Ser Humano en Cristo* (Roma, Italia: Iura Editionis, 1996), p. 184. La autora reflexiona sobre la accesibilidad de Dios a la humanidad en la persona de Cristo, quien es revelado a la mente humana por el Espíritu Santo. Esta postura es muy parecida a la que manifiestan los estudiosos de la Escritura en la comunidad latina.

[24] Ver por ejemplo, el libro de W.T. Conner, *Doctrina Cristiana: Las Doctrinas Fundamentales de la Fe Cristiana Expuestas con Claridad Bíblica* (El Paso, TX: Casa Bautista de Publicaciones, 2001), p. 55. Este es un manual de doctrina evangélica clásica escrito desde muy temprano en el Siglo XX y ha sido utilizado por diferentes generaciones. Dicho manual contiene doctrinas que se enfrentaron por muchos años a las doctrinas fundamentales de la tradición Católica en America Latina. A estas alturas ya es necesario estudiar cuál ha sido el resultado de esa confrontación dialéctica, según el plan de este volumen.

17

MÉTODO INTEGRADOR EN LA ESCRITURA

Durante el concilio de Jerusalén, los creyentes se reunieron para resolver un asunto teológico muy fundamental.[1] El tema era—la salvación por medio de las obras de la ley o la fe solamente. El capítulo 15
del libro de los Hechos, sirvió como modelo para que los líderes de
la iglesia utilizaran el método de interpretación que incluyera cuatro
elementos básicos en la interpretación: (1) La dirección del Espíritu
Santo, (2) la autoridad de la Escritura, (3) el testimonio histórico de
la tradición y (4) el consenso de comunidad de fe. Hechos 16 describe
una reunión donde se registra que la decisión del concilio fue una
respuesta corporal e integral con relación al asunto de la admisión o
no, de los gentiles a la plena comunión de la iglesia. Como resultado,
Santiago pudo declarar con solvencia, 'nos ha parecido bien al Espíritu Santo y a nosotros' (v.28). Los participantes del concilio de Jerusalén tenían certeza de la dirección y la autoridad del Espíritu Santo
en sus decisiones. Esto mismo es lo que determina la actividad central
del Espíritu Santo en la tarea hermenéutica y en toda la vida de la
iglesia en general.

Además, durante esa reunión el concilio apeló a la centralidad de
las Escrituras, la dirección del Espíritu Santo en la experiencia de la
fe, el testimonio de la tradición y la historia del pueblo de Dios y el
uso de la razón consensuada de la comunidad de creyentes. Santiago
dijo con plena certidumbre que la Escritura concordaba con el

---

[1] Otra obra clásica muy utilizada por la comunidad evangélica ha sido el libro
de Arnold B. Rhodes, *The Mighty Acts of God* (Louisville, KY: Geneva Press, 2000),
pp. 318-19. Es muy interesante la presentación que hace sobre el Concilio de Jerusalén, según Hechos 15.

reporte misionero y el argumento de Pedro; y que todos los profetas, particularmente Amós, incluían a los gentiles en la familia de la iglesia, según el propósito eterno de Dios (vv. 14-18: cf. Amos 9.11-12).

Por su parte, Pablo y Bernabé también presentaron su reporte de campo y contaron su experiencia misionera en la predicación del evangelio entre los gentiles (v.12). Pedro les recordó a los miembros del concilio sobre su llamado personal de predicarle a los gentiles, particularmente con lo acontecido durante su visita a la casa de Cornelio y sus amigos (vv. 7-11). Pero también es bueno señalar acá, que Santiago igualmente apeló e hizo uso del testimonio de la tradición cuando le pidió a los gentiles que observaran por lo menos aquellas cuatro prohibiciones basadas en la ley (vv. 20-21; cf. Lev. 17.8, 10-12, 13; 18.6-23).

Pedro agregó, que los gentiles deberían ser aceptados en el seno de la iglesia, debido la santificación por la fe y el derramamiento del Espíritu Santo que también ellos habían experimentado (vv 8-11). De igual manera, Santiago volvió a argumentar con base en la ley y la tradición, que a los gentiles no se les requiriera la práctica de la circuncisión (vv. 13-21). Obviamente, fue bajo la dirección del Espíritu Santo como el concilio estuvo en común acuerdo y tuvo un final positivo para la iglesia.

Así queda claro que el método que funcionó en la Escritura fue integrador. Incluyó la Palabra de Dios con la dirección del Espíritu Santo, el testimonio de la historia y la tradición, y la confirmación de la comunidad de fe. Este mismo método de interpretación integrador puede ser aplicado en todas las comunidades cristianas hoy, particularmente en la hispana, donde dicha metodología podría funcionar adecuadamente y servir como puente en la diversidad de posiciones teológicas entre los hispanos.

Práctica del Método Integrador

Ejemplos prácticos del uso del método de interpretación integrador se observa continuamente en un gran número de iglesias contemporáneas de América Latina. Casi siempre, todo asunto, sea este doctrinal, espiritual, ético o de carácter congregacional, es sometido en oración, bajo la dirección del Espíritu Santo, a la autoridad de la Palabra.[2] Los intérpretes se aseguran de que el asunto no tenga ningún tipo de conflicto con la Escritura. Seguidamente se consulta a la sabiduría de los ancianos de la iglesia para asegurarse que la interpretación de la Escritura, y los estatutos—doctrina, reglamentos, tradición—observados en la vida práctica de la iglesia, mantienen su lugar y que todo está en orden.[3] Esto ayuda a mantener un balance sano en todas las áreas, sean éstas espirituales, organizacionales, éticas, sociales, o simplemente asuntos que tienen que ver con una buena comunicación.

Por lo general, en casos difíciles, los creyentes buscan la dirección del Espíritu Santo antes de proceder. Esta acción crea una conciencia espiritual que se manifiesta en una actitud de reverencia y humildad. Luego proceden a examinar el caso a la luz de la Palabra de Dios para observar si existe algo que sea confirmado o que se vea como contrario a los principios de la Escritura. En ambos pasos se recurre a la sabiduría y a la admonición de los que presiden en la congregación. Estos juzgan si el juicio es correcto o incorrecto, si contradice o no el orden espiritual, bíblico y eclesial. En cada congregación hay un orden que tiene su base en estatutos eclesiales que han sido establecidos para mantener el orden en la comunidad de fe.

En algunos casos se tiene que recurrir a la investigación histórica de antecedentes para conocer como se manejó el asunto en generaciones anteriores o en situaciones históricas parecidas. Esta dinámica permite que el asunto sea resuelto correcta y consistentemente y que al final todas las partes involucradas queden satisfechas con las decisiones tomadas por la congregación. A eso se debe que este método sea integrador, porque involucra a todos los agentes necesarios que dan fe de una interpretación completa, balanceada y total.

---

[2] Véase Agripina Carriço Viera, 'Da História ao Individuo ou da Exceção ao Banal na Escrita de Saramago: do Evangelho Segundo Jesus Cristo a Todos os Nomes', *Colóquio: Letras* 151 (1999), pp. 379-93.

[3] Carolina Rivera Farfán y Elizabeth Juárez Cerdi (eds.), *Más Allá del Espíritu: Actores, Acciones y Prácticas en Iglesias Pentecostales* (México, DF: CIESAS, 2007), p. 165. Esta obra enfatiza los cambios el pluralismo intramuros y los cambios sociales entre los movimientos protestantes y pentecostales de América Latina. Dentro de ese marco hay una base hermenéutica Católica. Véase, Raúl Zaldívar, *Teología Sistemática: Desde una Perspectiva Latinoamericana* (Barcelona, España: Editorial Clie, 2006), que sirve como fundamento a la interpretación bíblica de las corrientes contemporáneas en ambos movimientos.

Acá es necesario aclarar, que este método integrador, en realidad, no es nuevo, en la vida práctica de la iglesia ya ha sido o se ha venido practicado empíricamente en los círculos eclesiales, especialmente en aquellos donde la interpretación del texto no ha sido tan estricta o rigurosa. Así que esta concepción metodológica no es nueva. Lo que hago acá, más bien, es organizar metodológicamente lo que ya se ha venido practicando desde hace mucho tiempo atrás en las iglesias. Por ejemplo, los intérpretes pentecostales del siglo XX introdujeron formalmente al campo de la hermenéutica al método neumático, el cual nos sirve como fundamento para plantear el método integrador como una vía más amplia y adecuada para la realidad contextual de la hermenéutica latinoamericana.

Desde esa plataforma, el método neumático se convirtió en la herramienta más utilizada por las iglesias Pentecostales norteamericanas en la interpretación de la Escritura. No obstante, éstos se quedaron cortos al no tomar en cuenta el valor del testimonio ofrecido por los precedentes históricos de la interpretación y las tradiciones históricamente observadas por el pueblo de Dios. Para compensar esa deficiencia algunos intérpretes contemporáneos, además del uso del método neumático, se han apoyado en el método inductivo para la predicación y también han utilizado, empíricamente, los recursos de la historia y la tradición para confirmar la certeza de dicha interpretación. De esa manera es como surge la necesidad de organizar al método integrador, el cual es necesario para justificar el uso adecuado de todos los agentes que toman parte en el trato responsable del texto bíblico.

Una Perspectiva Pneumática Integradora

Para que la hermenéutica pneumática latinoamericana se desarrolle saludablemente, debe tomar en cuenta a las demás ramificaciones teológicas que han surgido del movimiento. Claramente, la interpretación Pentecostal debe permanecer fiel a los distintivos teológicos del movimiento, pero también será necesario que ésta encuentre un sistema viable que le permita encontrar vías de acceso para dialogar con la teología evangélica, en el sentido más amplio y, sin perder o comprometer su identidad. El movimiento Pentecostal necesita una hermenéutica que sea integral; una que procura establecer un fundamento sano en todo el proceso de interpretación de la Escritura. De esa manera, su método hermenéutico podrá enfrentar los desafíos teológicos del futuro y a la vez permanecer fiel a su herencia histórica y escritural.

Un siglo después de su origen, se abre paso dentro del movimiento Pentecostal un tiempo nuevo para la disciplina de la exégesis y la interpretación del texto bíblico. Los Pentecostales se han dedicado, además del ministerio, a escudriñar las ciencias bíblicas, que incluyen la historia de la Escritura y los géneros literarios encontrados en la misma.

En la interpretación del texto sagrado, mucha atención se le ha dado al uso de los métodos histórico–críticos, sobre todo en el estudio del Nuevo Testamento y los intérpretes Pentecostales han tomado esto muy en cuenta. Además, para el Pentecostalismo es importante el uso de los métodos que escudriñan la historia de la Escritura y las formas críticas que asumen los exégetas bíblicos para estudiar el texto. Para el Pentecostalismo es muy importante confrontar todo prejuicio que niegue el papel de lo sobrenatural en la interpretación de la Palabra, particularmente en el tiempo y las generaciones actuales. Esto último se notaba más al inicio, cuando el discurso y el pensamiento teológico Pentecostales tenían un alto contenido apologético, cuyo objetivo era defender la Escritura sagrada y su inerrancia en la vida práctica de la comunidad de fe.

Otro elemento, claramente identificable, tenía que ver con el fundamento doctrinal eclesiológico del movimiento. Por ejemplo, Dios habla por medio de personas, por esa razón es necesario investigar lo que éstos trataron de decir al documentar el texto a fin de conocer lo que Dios quiere comunicar a la iglesia y a los creyentes, en particular.

El siguiente esquema tiene muchas novedades, por ejemplo, el estudio del carácter divino–humano de la Escritura y la importancia de conocer la intención de los autores bíblicos al escribirla. El último se ocupa de corregir algunas expresiones asociadas con la Escritura, por ejemplo, se optimiza la alusión a la 'verdad' por 'lo que Dios quiere comunicar' y se añade una lectura del texto hecha 'en el Espíritu'.

Como hemos visto anteriormente, el intérprete guarda en mente que la Biblia es palabra humana y Palabra de Dios en manera indisoluble. No se puede aceptar el estudio de la Biblia como un libro meramente humano, sin tomar en cuenta el elemento divino que está contenido en ella, lo cual la convierte en la misma Palabra de Dios. Este es el resultado de la inspiración y de la actitud de fe con que el intérprete estudia la Escritura. Por esa razón este se auxilia de la exégesis y la crítica bíblica, a fin lograr una interpretación acertada. En realidad, no es posible acceder a la Palabra escrita de Dios sino a través de la palabra humana de la Biblia. Así como en Cristo ambas naturalezas, la humana y la divina se conjuntan en un armonía perfecta, de igual manera en la Escritura se conjuntan las dos naturalezas, dándole lugar a una armonía viva y eficaz.

Hay una diferencia entre lo que el autor quiere decir y su obra literaria como tal. También hay otra brecha que se abre entre esa obra literaria y el lector posterior. Por otro lado, el concepto de 'autor' es complejo ya que no siempre se puede asegurar quién es el autor o si son varios los autores. Además, lo que dice el autor es todo lo que él sabe o es el resultado de su propia realidad en el momento histórico en que escribió. Sin embargo, dentro del propósito de Dios la obra escrita tiene su propio objetivo, el cual es divinamente inspirado.

Otros Factores que Participan en la Interpretación

Hay una diferencia entre lo que el autor quiere decir y su obra literaria. También hay una brecha que se abre entre esa obra literaria y el lector posterior. Por otro lado, el concepto de 'autor' es complejo ya que no siempre se puede asegurar quién es el autor o si son varios los autores; además, lo que dice el autor es todo lo que él sabe o es el resultado de su propia realidad en el momento histórico en que escribió. Sin embargo, dentro del propósito de Dios, la obra escrita tiene su propio objetivo divinamente inspirado. Luego, se hace necesario explorar un método que permita una lectura adecuada de la Biblia como Palabra de Dios en palabras humanas. Esta etapa del estudio abarca tres partes: (1) El *nivel histórico literario*. El que se aplicaría a cualquier otro libro de la antigüedad, o sea que aquí se somete a la Biblia a las mismas técnicas literarias y a los mismos interrogantes que a otra obra literaria; (2) El *nivel teológico*. En cuanto a su categoría como libro inspirado por Dios, la Biblia contiene un mensaje de salvación; finalmente, (3) El *nivel actual*. La Biblia tiene algo que decirles a los creyentes de hoy.

El Nivel Histórico Literario

Últimamente, el pentecostalismo ha dedicado un espacio considerable a la descripción y a la valoración del método histórico-crítico, al que considera importante para el estudio científico del sentido de los textos bíblicos. Puesto que la Sagrada Escritura, en cuanto 'Palabra de Dios en lenguaje humano,' ha sido escrita por autores humanos en todas sus partes y en todas sus fuentes, su justa comprensión no solamente admite como legitimo, sino que requiere la utilización de este método'. Este método, en cuanto a búsqueda y establecimiento de la historia del texto bíblico difiere, con sus autores, ambiente, cultura, primeros lectores, y la evolución de este, no es nuevo; fue utilizado ya en el período patrístico por autores de fuste como Orígenes, Jerónimo y Agustín. En ese tiempo, no estaba tan elaborado, obviamente, pero tuvo un proceso lento de maduración y llegó a su estado final gracias a las intuiciones de la ilustración. El primer nivel es el histórico-literario. En éste, el lector, al acercarse a la Biblia debe saber que esta es un libro, o mejor dicho una biblioteca redactada hace ya mucho tiempo y en un medio cultural diferente al actual, por lo cual debe tener una mentalidad capaz de asegurar una interpretación que le haga justicia. A ese conjunto de principios o métodos se le llama 'hermenéutica.'

Critica textual
Aunque otros ya han realizado este trabajo, no está de más asomarse a esta disciplina que consiste en la comparación de los manuscritos más antiguos de la Biblia tratando de establecer el texto más verosímil y original. Si las erratas son frecuentes en este tiempo con tanto avance de las comunicaciones escritas, es fácil deducir que en los tiempos antiguos las equivocaciones eran muchas y variadas a la hora de copiar de copias los textos de la Biblia. Entonces, la finalidad de la crítica textual es reconstruir un texto lo más próximo al original a partir de los testimonios del texto que hoy se tiene a la disposición.

Fuentes del texto
Es interesante y necesario conocer los textos que estuvieron a la mano o tradiciones que llegaron por tradición oral a los escritores sagrados. Así se puede saber con certeza hasta qué punto son originales, y si no, qué ideas o escritos ejercieron influencia sobre ellos.

Pasajes paralelos
Los textos paralelos se iluminan mutuamente. Así pasa en el mundo de los sinópticos, en los que se encuentra el mismo tema, relatado por diferentes autores que escribieron en diversa época y con disímiles inquietudes, teologías y necesidades pastorales. Para clarificar este

punto, es ilustrativo hacer la sinopsis de la perícopa de la entrada triunfal de Jesús en la ciudad santa según Mc 11.1-10; Mt 21.1-9; Lc 19.28-38 y Jn 12.12-19. Este ejercicio pone al relieve las expresiones y teología específica de cada evangelista.

Los géneros literarios

La Constitución *Dei Verbum* nos recuerda que el conocimiento de los géneros literarios es vital para 'descubrir la intención de los autores pues hay que tener en cuenta, entre otras cosas, los géneros literarios. Acá la verdad se presenta y se enuncia de modo diverso en obras de diversa índole histórica, en libros proféticos o poéticos, o en otros géneros literarios. El intérprete indagará lo que el autor sagrado dice o intenta decir, según su tiempo y cultura, por medio de los géneros literarios propios de su época.' El género o la forma literarios empleada por el escritor es como un molde en el que un contenido es vertido, de acuerdo con varias circunstancias de la vida. Cada género o forma es una manera diversa de manifestar la verdad, ya que de acuerdo con las intenciones y situaciones del escritor o del pueblo surgen varios géneros literarios. No es lo mismo expresar un mensaje a través de una parábola o de una biografía; por medio de una historia o por una fábula; sirviéndose de un salmo o de un oráculo profético. Cada género nos exige un oído o mentalidad adecuada para acoger el mensaje.

Medio ambiente

La crítica histórica ubica al texto bíblico en su ambiente. Ubica los problemas de autor, fecha composición, autenticidad literaria y, trata de descubrir el valor histórico de aquello que narra el texto. Si el contexto histórico, geográfico y cultural de la Biblia es tan ajeno al presente, entonces, es necesario proveerse de buenas introducciones, diccionarios, mapas, y conocimiento de historia de las religiones para comprender expresiones, costumbres e instituciones del mundo bíblico o extra bíblico, presente en los relatos. Algunos ejemplos típicos de cómo ejerce presión el ambiente en el escrito posterior está el mismo evangelista Marcos, quien, en un ambiente romano de tensiones y persecuciones, presenta a Jesús como el Mesías sufriente e incomprendido que al final, vence a Satanás y triunfa sobre todo dominio y autoridad, y sobre la muerte.

Contexto vivencial

El *Sitz im Leben* o situación vital en que se desarrolla la experiencia del escritor o del pueblo de Israel en general imprimen un carácter muy determinado sobre el texto. Ya que no se escribe para hacer literatura sino para expresar la adhesión a Dios en medio de una sociedad muy concreta e irrepetible. Acá, la circunstancia y la forma literaria transforman el acontecimiento frío y desencarnado. Por ejemplo, el relato del Exodo relata como sucedida una evasión de esclavos, oprimidos en Egipto. Pero, no describe objetivamente lo que pudo ser visto por los ojos de todos, sino que describe detalladamente los recursos que Dios utilizó para liberar a Israel y lo que el evento significó para el pueblo de Dios y para sus descendientes—profesar que Dios libró a su pueblo de Egipto. Los israelitas celebraban después su salida de Egipto con una fiesta y cada vez releían el relato, profesando su fe en Dios quien los continuaba librando de todas las servidumbres posteriores.

El Nivel Teológico

Si hasta este momento se había enfatizado el aspecto humano de las Escrituras, ahora se debe subrayar su carácter divino. En efecto, las Escrituras encierran el misterio de la salvación, son la Palabra con que Dios se dirige a sus hijos para conversar con ellos amigablemente. Captar claramente esta verdad es leer la Biblia en el Espíritu con que fue escrita (*eodem Spiritu quo scripta est etiam legenda et interpretanda sit*) ya que es la actitud y clave hermenéutica que más corresponde a la finalidad de la Biblia. Con esta expresión se puede decir pneumatológicamente que el Espíritu que inspiró toda la Escritura es el que ahora abre la mente a la comprensión de su sentido profundo. Esta lectura de la Biblia 'en el Espíritu' tiene algunas facetas:

El contenido y la unidad de la Biblia

El aspecto que le da unidad a toda la Biblia es el hecho de contener la historia de salvación, o sea, que Dios ha querido manifestarse al hombre, como Salvador, en medio de acontecimientos humano. Se trata pues, más que, de salvaciones parciales o episódicas, de una salvación que va haciéndose presente en forma progresiva hasta culminar en la salvación consumada por Jesucristo. El mismo Jesús, al conversar con los discípulos de Emaús, les dice que él es el centro y la culminación de toda la historia (Lucas 24.25-27). A partir de ese momento, el Antiguo Testamento tendría un sentido de figura, preparación, anuncio o tipo de Jesucristo. Este carácter evolutivo y dinámico de la historia de la salvación, hace que haya textos muy explícitos en su contenido salvífico y otros no tanto, ya que la historia de Israel no solo es compleja como todo proceso humano, sino que va pasando por muchas mentalidades diferentes. En ella cada concepto está marcado por un desarrollo que se prolonga hasta el Nuevo Testamento.

La analogía de la fe

La expresión depende de Romanos 12.3–6 y significa la esencial coherencia de la fe objetiva de la iglesia en sus diversas épocas. Esta coherencia depende de la unión interna de los misterios de la fe. Si Dios es el autor de la Escritura y de la doctrina de la iglesia, no puede permitir que haya contradicción entre ellas, porque la revelación, planificada en Jesucristo, es una sola. Esta 'analogía de la fe' implica una coincidencia global de la fe de la iglesia en todo tiempo con la fe cristiana de la que procede esencialmente.

De lo anteriormente dicho, se desprende la actitud que los cristianos deben fomentar cuando leen la Biblia. Están no ante un libro sino ante una persona que les habla, invita e interpela. Es posible que alguien lea la Biblia y no perciba en ella la Palabra de Dios. Es la diferencia que Pablo hace entre el hombre abandonado a sus propios recursos y el que goza de la asistencia del Espíritu. Pero esta lectura en el Espíritu no es un segundo momento después de la interpretación histórico-literario, sino que la informa desde el inicio. Esta lectura en el Espíritu exige de parte del exégeta una fidelidad al Espíritu como actitud adecuada al carácter pneumático de la Biblia, se trata de la sintonía especial de una connaturalidad.

El Nivel Actualizante

La Biblia fue escrita en muchos y determinados contextos históricos de Israel o de la comunidad cristiana, pero su mensaje no se quedó atrapado por las coordenadas del tiempo y del espacio, la Biblia es un libro para todos los tiempos, culturas y lugares. De hecho, Dios nos sigue hablando a través de la Biblia, aunque la distancia de tiempo haga más perentoria una adecuación de lenguaje y una interpretación que siga siendo fiel. Si algunas obras de literatura son universales porque llegan a interesar lo profundo del hombre (Quijote, Romeo y Julieta, Fausto), tanto más la Biblia que nos hace contactar con la humanidad en toda la densidad de su debilidad y búsqueda de plenitud. Ahí encontramos muchos prototipos de lo que la humanidad fue y es en la actualidad. Pablo, refiriéndose al Antiguo Testamento, dice: *'Todo esto les sucedía en figura, y fue escrito para aviso de los que hemos llegado a la plenitud de los tiempos'* (1 Corintios 10.11). Es curioso cómo el estilo de Marcos suele referirse a los gestos de Jesús en presente y utilizando la expresión 'de repente' para expresar la actualidad del Señor en medio de la comunidad. O sea que la Biblia tiene algo que se dice hoy. ¿En qué debe consistir la actualización?

Traducción del lenguaje

No solo es necesario traducir las palabras al idioma utilizado, que es lo obvio, sino pasar el mensaje de un contexto histórico-cultural a otro. Por ejemplo, pasar de un ambiente rural como es el del evangelio al urbano y tecnificado. Pasar del lenguaje 'mítico' (no fábula ni historia falsa, sino relato aparentemente histórico que quiere representar de forma gráfica realidades que se escapan a la experiencia tangible) al lenguaje racional de la cultura occidental.

Interpretar el mensaje para el hombre de hoy

A veces el mensaje podría confundirse con el nivel anterior, en cuanto que se refiere al carácter interpelante de la Palabra de Dios para el hombre en situaciones o circunstancias actuales.

a) Por parte del texto, es prudente disponer de una Biblia adecuada, con suficientes introducciones, notas, títulos, subtítulos orientadores y que contengan los avances de la ciencia bíblica.

b) Por parte del lector, que sea lector orante asiduo de la Biblia para adquirirla con naturalidad con el texto bíblico y destreza para poder reconocer los géneros literarios, las intenciones del autor y las posibles aplicaciones a la vida. Debe mantener una actitud de apertura para dejarse cuestionar por la palabra y no hacer que la Biblia diga lo que él quiere que diga. También debe tener disposición para poner por obra la Palabra, solo así es como esta transforma y anima al lector.

PARA DISCUSIÓN Y ESTUDIO

1. ¿Cómo se entiende el hecho de que Dios también habla por medio de los hombres?

2. ¿Cómo es que se conjuntan las naturalezas humana y divina en la Escritura?

3. ¿Cómo definen los pentecostales la acción de leer la Palabra en el Espíritu?

4. ¿Cómo explican los intérpretes pentecostales el concepto de que la Biblia es un libro para todos los tiempos, culturas y lugares?

5. ¿Por qué es importante para los pentecostales confrontar todo prejuicio que niegue lo sobrenatural, particularmente, en el tiempo presente?

EPILOGO

Raúl Zaldívar ha escrito que 'el pentecostalismo fue una bomba que cayó en el patio enfrente de la iglesia y que provocó una revolución nunca vista desde los tiempos de la Reforma Religiosa del Siglo XVI'.[1] Obviamente el movimiento pentecostal ha experimentado un crecimiento sin precedentes en la historia de la iglesia. El Espíritu Santo se salió del molde en el que lo habían encerrado las denominaciones y originó nuevas vías para la revelación divina y la evangelización del mundo. Esto introdujo nuevas y frescas formas de acercamiento y de interpretación del texto bíblico. En el siglo XXI, el pentecostalimo ha evolucionado en diversas formas para la presentación del evangelio y esto se ha expandido a través de todas las confesiones de fe en el mundo. La 'experiencia pentecostal' ya no le pertenece exclusivamente a los pentecostales.

Cada día, más y más creyentes de todas las confesiones cristianas alrededor del mundo, no solamente hablan en lenguas, sino que han descubierto y se han apropiado de los dones espirituales a la pentecostal. Está claro que, Dios trajo el presente avivamiento espiritual al mundo por medio del pentecostalismo, el cual fue mal entendido y perseguido en su inicio particularmente por denominaciones alineadas al fundamentalismo evangélico de aquel momento. Sin embargo, hoy es obvio que todas las corrientes cristianas tendrán que reevaluar y replantear sus concepciones doctrinales frente a esta llamada hermenéutica pneumática, por más dolorosa que tal experiencia resulte. La hermenéutica pneumática llegó no solamente para quedarse sino para extenderse por todo el mundo y para dialogar y definir su lugar en medio de los métodos de interpretación establecidos

---

[1] Raúl Zaldívar, *Teología Sistemática: Desde una Perspectiva Latinoamericana* (Barcelona, España: Editorial Clie, 2006), p. 61.

anteriormente. Además, en un movimiento mundial tan grande, la misma se hace necesaria y es imperativo que, todos aquellos que han vivido la experiencia pentecostal, desarrollen un sistema y un método hermenéutico que explique su vivencia y realidad espiritual, tomando seriamente en cuenta su participación eclesiológica.

Tal vez, uno de los desafíos significativos dentro de la hermenéutica pneumática, sea de carácter epistemológico. Para que el movimiento continúe, su misión evangelizadora con eficiencia, los intérpretes tendrán que tomar en cuenta el origen, la naturaleza, la metodología y los límites de la hermenéutica pneumática. Históricamente, y a medida que el movimiento se extendió y mantuvo sus principios y valores sobre la naturaleza, la fe y la experiencia pentecostal del Nuevo Testamento, éste mantuvo un alto índice de relevancia en la comunidad donde se estableció. Ese origen y naturaleza epistemológicos le calificaron para ser portador de 'buenas nuevas' que fueron congruentes con las necesidades del pueblo. Metodológicamente, el movimiento ha definido su hermenéutica con un proceso académico que se da desde dentro hacia fuera, es decir, que el proceso de transformación se da centrífugamente. El cambio de una sociedad comienza con la conversión que es personal y se expande celularmente por toda la comunidad, luego esta se apropia de una educación integral que marca la diferencia en el grupo afectado y en la vida individual de los creyentes.

Uno de los elementos limítrofes más notables de la experiencia pentecostal es la actividad *glosolálica*. Aunque la experiencia de Hechos, capítulo dos, está cargada de actividad *xenolálica,* no obstante, existe un marcado énfasis que es deliberadamente heterogéneo e inclusivo en la comunidad de fe. Uno de los apuntes escriturales más destacadas en el día de pentecostés fue, '¿no son galileos todos estos que hablan? ¿Cómo, pues, nosotros los oímos hablar cada uno en nuestra lengua en la que hemos nacido? (Hechos 2.7-8). De esta narrativa se deduce que en la actividad interpretativa del texto bíblico hay una función triple—espiritual, social y psicológica. Además, el poder misionológico de pentecostés se hace más efectivo cuando su testimonio incluye a '*todas las naciones bajo el cielo*' Hechos 2.5). Así que, según la narrativa de Lucas, la eficacia del evangelio pentecostal no es discriminativa, al contrario, es inclusiva en su extensión y alcance evangelizador. Por otro lado, la actividad didáctica de la hermenéutica pneumática educa al creyente en función de amor, respeto y aceptación por el que 'antes estaba perdido, pero que ya ha sido encontrado.' Todo esto está en oposición de aquella cátedra que humilla, despersonaliza, oprime y aliena al cristiano, por medio de la enseñanza de valores y principios culturales de sistemas descontextualizados o que están al servicio de intereses ajenos a la voluntad de Dios para su pueblo.

Como se señaló al principio, esta obra contiene una función apologética intencional, la cuál se hace necesaria debido a los malentendidos que la experiencia pentecostal ha provocado, particularmente entre las corrientes evangélicas tradicionales. No es suficiente con presentar una apología meramente eclesiológica para explicar la experiencia pentecostal, también, es necesario presentar una hermenéutica que proponga una metodología sólida que sepa justificar la actividad interpretativa del texto bíblico. Esta tarea es parte del proceso de maduración de la comunidad pentecostal, la cual, para mantenerse al día con la revelación del Espíritu Santo a través de la Escritura, tendrá que desarrollar una disciplina interpretativa que sea viable y que represente los principios y la herencia histórica del movimiento. La academia pentecostal, por su parte, también tendrá que tomar en cuanta muchos de los elementos presentados en este volumen y a partir de ahí hacer teología y establecer doctrina.

BIBLIOGRAFÍA

Agenor Brighenti, Rosario, *La Misión en Cuestión* (Bogotá, Colombia: Editorial San Pablo, 2009).

Alfaro, Sammy, *Divino Compañero: Toward a Hispanic Pentecostal Christology* (Eugene, OR: Wipf & Stock, 2010).

Althouse, Peter, *Spirit of the Last Days: Pentecostal Eschatology in Conversation with Jürgen Moltmann* (London, UK: A&C Black, 2003).

Alvarez, Miguel, 'Hacia Una Hermenéutica Esperanzadora', en Raúl Zaldívar, Miguel Álvarez y David E. Ramírez, *El Rostro Hispano de Jesús: Un Modelo Contextual Innovador* (Barcelona, España: Editorial CLIE, 2014), pp. 99-169.

Archer, Kenneth J., *Pentecostal Hermeneutics for the Twenty First Century: Spirit, Scripture and Community* (New York, NY: T & T Clark, 2004), pp. 109-18.

—'Early Pentecostal Biblical Interpretation', *Journal of Pentecostal Theology* 9 (1996), pp. 32-70.

—'Pentecostal Hermeneutics: Retrospect and Prospect', *Journal of Pentecostal Theology* 4.8 (1996), pp. 63-81.

Arellano, Ignacio, *Autos Sacramentales Completos: Estructuras Dramáticas y Alegóricas de Calderón* (Pamplona, España: Universidad de Navarra, 2001).

Arens, Eduardo, *Los Evangelios Ayer y Hoy: Una Introducción Hermenéutica* (Bogotá, Colombia: EEP, 2006).

Arrington, French L., 'The Use of the Bible by Pentecostals', *Pneuma: The Journal of the Society for Pentecostal Studies* 16.1 (1994), pp. 101-107.

Barton, John, *La Interpretación Bíblica Hoy* (Barcelona, España: Editorial Sal Terrae, 2001).

Brueggemann, Walter, *The Book that Breathes New Life: Scriptural Authority and Biblical Theology* (Minneapolis, MN: Fortress Press, 2011).

Brunner, Dale F., *A theology of the Holy Spirit: The Pentecostal Experience and the New Testament* (Grand Rapids, MI: Eerdmans, 1972).

Butch Rodríguez, Lucas, *El Papel del Espíritu Santo en la Obra Reveladora de Dios*, (Roma, Italia: Edizioni Santa Croce, 2013).

Carriço Viera, Agripina, 'Da História ao Individuo ou da Exceção ao Banal na Escrita de Saramago: do Evangelho Segundo Jesus Cristo a Todos os Nomes', *Colóquio: Letras* 151 (1999), pp. 379-393.

Cartledge, Mark J., 'Pentecostal Theological Method and Intercultural Theology', *Transformation: An International Journal of Holistic Mission Studies* 25.2-3 (2008), pp. 92-102.

Castelo, Daniel, 'Patience as a Theological Virtue: A Challenge to Pentecostal Eschatology', in Peter Althouse, Robby Waddell (eds.), *Perspectives in Pentecostal Eschatologies: World Without End* (Cambridge, UK: James Clark & Co., 2010), pp. 232-46.

Caswell Bratton, Amy, *Witness of Perfect Love: Narratives of Christian Perfection in Early Methodism* (Toronto, Canada: Clements Academic, 2014), p. 125.

Cerillo, Augustus, 'The Beginnings of American Pentecostalism: A Historiographical Overview', in Edith L Blumhofer, Russell P. Spittler and Grant A. Wacker (eds.), *Pentecostal Currents in American Protestantism* (Urbana, IN: University of Illinois, 1999), pp. 229-260.

Chan, Simon, *Pentecostal Theology and the Christian Spiritual Tradition* (Eugene, OR: Wipf & Stock, 2000), p. 85.

Courey, David J., *What Has Wittenberg to Do with Azusa? Luther's Theology of the Cross and Pentecostal Triumphalism* (London, UK: Bloomsbury T&T Clark, 2015).

Creemers, Jelle, *Theological Dialogue with Classical Pentecostals: Challenges and Opportunities (London, UK: T&T Clark, 2015)*.

Dalton, Richard C., 'Pentecostal Doctrine Before Nineteen Hundred', *Paraclete* 7 (1973), pp. 3-9.

Dayton, Donald E., 'Theological Roots of Pentecostalism', *Pneuma: The Journal of the Society for Pentecostal Studies* 2.1 (1980), pp. 3-21.

Driver, Juan, *La Fe en la Periferia. Una Historia del Pueblo Cristiano desde la Perspectiva de los Movimientos de Restauración y Reforma Radical* (Guatemala, Guatemala: Ediciones Semilla, 1997).

Dunn, James D.G., *Baptism in the Spirit: A Re-Examination of the New Testament Teaching on the Gift of the Spirit in Relation to Pentecostalism Today* (Naperville, IL: Allenson, 1970).

—'Spirit-Baptism and Pentecostalism', *Scottish Journal of Theology* 23.4 (1970), pp. 397-407.

Eckolt, Margit, 'El Fenómeno de los Nuevos Movimientos Religiosos: Una Lectura desde Latinoamérica', *Medellín: Biblia, Teología y Pastoral para América Latina y El Caribe* 39.154 (2015), pp. 195-214.

Ellington, Scott A., 'Pentecostalism and the Authority of Scripture', *Journal of Pentecostal Theology* 9.1 (1996), pp. 16-38.

Ervin, Howard M., *Conversion-Initiation and the Baptism in the Holy Spirit* (Plainfield, NJ: Logos International, 1984).

Fee, Gordon D., *New Testament Exegesis* (Louisville, KY: Westminster John Knox Press, 2002).

—y Douglas Stuart, *How to Read the Bible for All Its Worth* (Grand Rapids, MI: Zondervan, 1982).

Flora, Cornelia B., 'Pentecostal Women in Colombia: Religious Change and the Status of Working-Class Women', *Journal of Interamerican Studies and World Affairs* 17.4 (1975), pp. 411-25.'

138   Hermenéutica

Florovsky, George V., *Bible, Church, Tradition: An eastern orthodox View* (Beltmont, MA: Nordland, 1972).

Frestadius, Simo, 'In Search of a "Pentecostal" Epistemology: Camparing the Contributions of Amos Yong and James K.A. Smith', *Pneuma: The Journal of the Society for Pentecostal Studies* 38.1-2 (2016), pp. 93-114.

Gabriel, Andrew K., 'The Spirit is God: Pentecostal Perspective on the Doctrine of the Devine Attributes', in Steven M. Studebaker (ed.), *Defining Issues in Pentecostalism: Classical and Emergent* (Eugene, OR: Wipf & Stock, 2008), pp. 52-4.

Gálvez Alvarado, Rigoberto M., 'A Guatemalan Perspective on Pentecostal and Neo-Pentecostal Theology in the Twenty-First Century', in Miguel Alvarez (ed.), *The Reshaping of Mission in Latin America* (Oxford, UK: Regnum Books International, 2015), pp. 144-160.

García Morales, Juan Jesús, *La Inspiración Bíblica a la Luz del Principio Católico de la Tradición* (Roma, Italia: Gregorian & Biblical Press, 2012).

Gause, R. Hollis Gause, *Living in the Spirit: The Way of Salvation* (Cleveland, TN: CPT Press, 2009).

Grey, Jacqueline, *Three's a Crowd: Pentecostalism, Hermeneutics, and the Old Testament* (Eugene, OR: Wipf & Stock, 2011).

Grom, Bernhard y José Ramón Guerrero, *El Anuncio del Dios Cristiano* (Salamanca, España: Ediciones Secretariado Trinitario, 1979).

Gunther Brown, Candy, *Global Pentecostal and Charismatic Healing* (Oxford, UK: Oxford University Press, 2011),

Hogue, Richard, *Tongues: A Theological History of Christian Glossolalia* (Mustang, OK: Tate Publishing & Enterprises, 2010).

Ingalls, Monique M., 'Introduction: Interconnection, Interface, and Identification in Pentecostal-Charismatic Music and Worship', in Monique M. Ingalls, Amos Yong (eds.), *The Spirit of Praise: Music and Worship in Global Pentecostal-Charismatic Christianity* (University Park, PA: The Pennsylvania State University Press, 2015), pp. 2-8.

Inge, Denise (ed.), *Happiness and Holiness: Selected Writings of Thomas Traherne* (Norwich, UK: Canterbury Press, 2008).

Jordán Chiqua, Milton, *Introducción General a la Sagrada Escritura* (Bogotá, Colombia: San Pablo, 2011).

Kay, William K., 'Apostolic Networks in Britain Revisited', *Peuma: The Journal of the Society for Pentecostal Studies*, 38.1-2 (2016), pp. 5-22.

Keifert, Patrick R., *Testing the Spirits: How Theology Informs the Study of Congregations* (Grand Rapids, MI: Eerdmans, 2009).

Knott, Carlos Tomás, *Libro Divino, Amada Palabra* (Tarrassa, España: Editorial CLIE, 1997).

Kung, Hans y Jurgen Moltmann (eds.), *Conflicts About the Holy Spirit* (New York, NY: Harper & Row, 1979).

Linzey, Verna M., *The Baptism with the Holy Spirit: The Reception of the Holy Spirit as Confirmed by Speaking in Tongues* (Orlando, FL: Xulon Press, 2004).

López Rodríguez, Darío, *The Liberating Mission of Jesus: The Message of the Gospel of Luke* (Eugene, OR: Pickwick Publications, 2012).

Ma, Wonsuk, "'When the Poor are Fired Up": The Role of Pneumatolgy in Pentecostal-Charismatic Mission', *Transformation* 24.1 (2007), pp. 28-34.

Macchia, Frank D., 'Groans Too Deep for Words: Towards a Theology of Tongues as Initial Evidence', *Asian Journal of Pentecostal Studies* 1.2 (1998), pp. 149-73.

—*Baptized in the Spirit: A Global Pentecostal Theology* (Grand Rapids, Zondervan, 2006), pp.72-4.

—'Tongues as a Sign: Towards a Sacramental Understanding of Pentecostal Experience', *Pneuma: The Journal of the Society for Pentecostal Studies* 15.1 (1993), pp. 61-76.

Maltz, Daniel N., 'Joyful noise and reverent silence: The significance of noise in Pentecostal worship', *Perspectives on silence* (1985), pp. 113-37.

Marshall, I. Howard, *The Epistles of John: The New International Commentary on the New Testament* (Grand Rapids, MI: Eerdmans, 1978), p. 68.

Martin, Berenice, 'New Mutations of the Protestant Ethic among Latin American Pentecostals', *Religion* 25.2 (1995), pp. 101-17.

McClean, Mark D., 'Toward a Pentecostal Hermeneutic', *Pneuma: The Journal of the Society for Pentecostal Studies* 6.2 (1984), pp. 125-36.

McClymond, Michael J., 'Charismatic Renewal and Neo-Pentecostalims: From North American Origins to Global Permutations' in Cecil M Robeck Jr. y Amos Yong (eds.), *The Cambridge Companion to Pentecostalism* (Cambridge, UK: Cambridge University Press, 2014), pp. 31-19.

McCown, Wayne y James E. Massey (eds.), *God's Word for Today: Wesleyan Theological Perspectives* 2 (1982).

Menzies, William W., 'Synoptic Theology: An Essay on Pentecostal Hemeneutics', *Paraclete* 13.1 (1979), pp. 14-21.

Miller, Mandi M. y Kenneth T. Strongman, 'The emotional effects of music on religious experience: A Study of the Pentecostal-Charismatic Style of Music and Worship', *Psychology of Music* 30.1 (2002), pp. 8-27.

Muñoz Vega, Alicia, 'Devoción y Sacrificio: La Búsqueda de Dios a Través de los Aposentos en el Neopentecostalismo' *Alteridades* 23.45 (2013), pp. 63-77.

Ogden, Gregory J., *Manual del Discipulado: Creciendo y Ayudando a Otros a Crecer* (Viladecavalls, España: Editorial CLIE, 2006).

Oliverio, Jr., L. William, *Theological Hermeneutics in the Classical Pentecostal Tradition: A Typological Account* (Vol. 12, Boston, MA: Brill, 2012), p. 114.

Hugo Oquendo Torres, 'En la Cama con Mi Madre: Pensar y Sentir la Teología desde la Piel', *Revista Perseitas* 2.1 (2014), pp. 86-112.

Owen, Christopher H., *The Sacred Flame of Love: Methodism and Society in Nineteenth-century Georgia* (Athens, GA: The University of Georgia Press, 1998).

Parham, Charles F., *The Sermons of Charles Perham* (Springfield, MO: Gospel Press, 1911), pp. 22-27.

Patterson, Eric, 'Classical Pentecostals Beliefs, Then and Now: Early Pentecostal Doctrine', in Eric Patterson y Edmund John Rybarczyk (eds.), *The Future of Pentecostalism in the United States* (New York, NY: Lexington Books, 2007), pp. 190-3.

Payne, T. S., 'Traditions and How to Get Rid of Them', in Burgess, Stanley M., Gary B. McGee y Patrick H. Alexander (eds.), *Dictionary of Pentecostal and Charismatic Movements* (Grand Rapids, MI: Zondervan, 1994), p. 381.

Pinnock, Clark H., 'The New Pentecostalism: Reflections of an Evangelical Observer', in Russell P. Spittler, (ed.), *Perspectivas on the New Pentecostalism* (Grand Rapids, MI: Baker, 1976), pp. 50-54.

—and Grant Osborne 'A Truce Proposal for the Tongues Controversy', *Christianity Today* 16 (1971), pp. 6-9.

Quebedeaux, Richard, *The New Charismatics: The Origins, Development and Significance of Neo-Pentecostalism* (Garden City, NY: Doubleday, 1976).

Reed, David A., 'From Bethel Temple, Seattle to Bethel Church of Indonesia: Missionary Legacy of an Independent Church', in Michael Wilkinson (ed.), *Global Pentecostal Movements: Migration, Mission, and Public Religion* (Leiden, The Netherlands: Brill, 2012), pp. 93-116.

Rhodes, Arnold B., *The Mighty Acts of God* (Louisville, KY: Geneva Press, 2000).

Robeck, Cecil M., 'The Gift of Prophecy and the All-Sufficiency of Scripture, *Paraclete* 13.11 (1979), pp. 27-31.

Rivera Farfán, Carolina y Elizabeth Juárez Cerdi (eds.), *Más Allá del Espíritu: Actores, Acciones y Prácticas en Iglesias Pentecostales* (México, DF: CIESAS, 2007).

Saá, Laura, 'Hacia una Hermenéutica Pentecostal sobre el Tema de la Salvación', en Daniel Chiquete y Luis Orellana (eds.), *Voces del Pentecostalismo Latinoamericano* II (Concepción, Chile: RELEP, 2009), pp. 139-59.

Salazar Sanzana, Elizabeth, 'Pentecostalism in Latin America: A Look at its Current Challenges', en Hunter, Harold D. y Neil Ormerod (eds.), *The Many Faces of Pentecostalism* (Cleveland, TN: CPT Press, 2013), pp. 114-125.

Saramago, José, *O Evangelho Segundo Jesus Cristo* (São Paulo, Brasil: Editora Companhia das Letras, 2005).

Sheppard, Gerald T., 'Pentecostals and the Hermeneutics of Dispensationalism: The Anatomy of an uneasy Relationship', *Pneuma: The Journal of the Society for Pentecostal Studies* 6.2 (1984), pp. 5-34.

Sjørup, Lene, 'Pentecostals: The Power of the Powerless', *Dialog* 41.1 (Spring 2002), pp. 16-25.

Smith, James K.A., *Thinking in Tongues: Pentecostal Contributions to Christian Philosophy* (Grand Rapids, MI: Eerdmans, 2010), pp. 1-18.

Riaud, Alexis, *La Acción del Espíritu Santo en la Almas* (Madrid, España: Ediciones Palabra, 2005).

Spawn, Kevin L. y Archie T. Wright, *Exploring a Pneumatic Hermeneutics* (Bloomsburry, UK: T&T Clark, 2012).

Spittler, Russell P. Spittler (ed.), *Perspectives on the New Pentecostalism* (Grand Rapids, MI: Baker, 1976).

Spurling, Richard, *The Lost Link* (Cleveland, TN: Church of God Publishing House, 1920).

Stout, Stephen O., *The 'Man Christ Jesus': The Humanity of Jesus in the Teachings of the Apostle Paul* (Eugene, OR: Wipf & Stock, 2011).

Stephenson, Christopher A., *Types of Pentecostal Theology: Method, System, Spirit* (Oxford, UK: Oxford University Press, 2013).

Stronstad, Roger, *The Charismatic Theology of St. Luke* (Peabody, MA: Hendrickson, 1984).

Synan, Vinson, *The Holiness-Pentecostal Traditions: Charismatic Movements in the Twentieth Century* (Grand Rapids, MI: Eerdmands, 1997).

Synan, Vinson y Charles R. Fox, *William J. Seymour: Pioneer of the Azusa Street Revival* (Alachua, FL: Bridge-Logos, 2012).

Teja, Gary, *Formación Espiritual: Pautas para el Crecimiento Cristiano* (Barcelona, España: Editorial CLIE, 2008).

Thomas, John Christopher, 'What the Spirit is Saying to the Church—The Testimony of a Pentecostal in New Testament Studies', in Kevin L. Spawn y Archie T. Wright (eds.), *Spirit and Scripture: Examining a Pneumatic Hermeneutic* (New York, NY: T&T Clark International, 2012), pp. 115-29.

—*The Devil, Disease and Deliverance: Origins of Illness in New Testament Thought* (Sheffield, UK: Sheffield Academic Press, 1998),

Vondey, Wolfgang, *Pentecostalism: A Guide for the Perplexed* (London, UK: T&T Clark, 2013), pp.73-4.

—*Beyond Pentecostalism: The Crisis of Global Christianity and the Renewal of the Theological Agenda* (Grand Rapids, MI: Eerdmans, 2010).

Warrington, Keith, *Pentecostal Theology: A Theology of Encounter* (London, UK: T& T Clark, 2008), p. 207.

Waddell, Robby y Peter Althouse, 'The Pentecostals and Their Scriptures', *Pneuma: The Journal of the Society for Pentecostal Studies* 38 (2016), pp. 115-121.

Waldrop, Richard E., 'Spirit of Creation, Spirit of Pentecost: Reflections on Ecotheology and Mission in Latin American Pentecostalism', in A. J.

Swoboda (ed.), *Blood Cries Out: Pentecostals, Ecology, and the Groans of Creation* (Eugene, OR: Pickwick Publications), pp. 225-33.

Rick Walston, *The Speaking in Tongues Controversy: The Initial Physical Evidence of the Baptism in the Holy Spirit Debate* (Eugen, OR: Wipf & Stock, 2005).

Wigglesworth, Smith, *Ever Increasing Faith* (Springfield, MO: Gospel Publishing House, 1924).

Williams, David T., *SANCTUS: Christian Sanctification* (Bloomington, IN: WestBow Press, 2010), p. 188.

Wilson, Everett A., 'They Crossed the Red Sea, Didn't They? Critical History and Pentecostal Beginnings', in Murray Dempster, Byron D. Klaus and Douglas Petersen (eds.), *The Globalization of Pentecostalism. A Religion Made to Travel* (Oxford, UK: Regnum Books International, 1999), pp. 85-115.

Amos Yong, with Jonathan A. Anderson, *Renewing Christian Theology: Systematics for a Global Christianity* (Waco, TX: Baylor University Press, 2014).

—*The Spirit Poured Out on All Flesh: Pentecostalism and the Possibility of Global Theology* (Grand Rapids, MI: Baker Academic, 2005).

Zaldívar, Raúl. *Teología sistemática: desde una perspectiva latinoamericana* (Barcelona, España: Editorial Clie, 2006).

Indice de Referencias Bíblicas

Indice de Autores

Indice de Temas

www.ingramcontent.com/pod-product-compliance
Lightning Source LLC
Chambersburg PA
CBHW071348090426
42738CB00012B/3052